肌肉训练完全图解

核心稳定性训练

Anatomy of Core Stability

Hollis Lance Liebman

【美】霍利斯·兰斯·利伯曼 著　杨溪 译　张可盈 审校

人民邮电出版社

北 京

图书在版编目（CIP）数据

核心稳定性训练 ／（美）利伯曼（Liebman,H.L.）著；
杨溪译. —— 北京 ：人民邮电出版社，2015.1
（肌肉训练完全图解）
ISBN 978-7-115-36954-3

Ⅰ．①核… Ⅱ．①利… ②杨… Ⅲ．①健身运动—图
解 Ⅳ．①G883-64

中国版本图书馆CIP数据核字(2014)第222750号

版权声明

免责声明

本书内容旨在为大众提供有用的信息。所有材料（包括文本、图形和图像）仅供参考，不能用于对特定疾病或症状的医疗诊断、建议或治疗。所有读者在针对任何一般性或特定的健康问题开始某项锻炼之前，均应向专业的医疗保健机构或医生进行咨询。作者和出版商都已尽可能确保本书技术上的准确性以及合理性，且并不特别推崇任何治疗方法、方案、建议或本书中的其他信息，并特别声明，不会承担由于使用本出版物中的材料而遭受的任何损伤所直接或间接产生的与个人或团体相关的一切责任、损失或风险。

内 容 提 要

本书由美国全国健美冠军霍利斯•兰斯•利伯曼著，全面系统地向读者解析了针对身体核心稳定性的各项训练内容。本书采用分步式的讲解方式，并以相关训练动作的真人演示图片及人体解剖图相结合的方式，直观地展示了人体主要的活跃肌肉以及稳定肌肉的运动情况。另外，书中包含的约数百余幅三维图解为读者详细地说明了与每项动作相关的肌肉部位。本书讲解中还包含了全面的专家提示，包括最佳锻炼部位、锻炼目标、益处、避免事项、正确做法、变化练习等，以及每个动作中所涉及的肌肉部位列表，以帮助您深入了解自己的身体情况，选择正确的锻炼方案。

本书适合长期久坐、缺乏锻炼的上班族以及各项运动爱好者，对于从事健美、健身行业的专业人士也有非常好的参考价值。

◆ 著　　　　　[美]霍利斯•兰斯•利伯曼（Hollis Lance Liebman）
　　译　　　　杨　溪
　　责任编辑　李　璇
　　责任印制　周昇亮

◆ 人民邮电出版社出版发行　　北京市丰台区成寿寺路 11 号
　　邮编　100164　电子邮件　315@ptpress.com.cn
　　网址　http://www.ptpress.com.cn
　　北京九州迅驰传媒文化有限公司印刷

◆ 开本：700×1000　1/16
　　印张：10　　　　　　　　　　　2015 年 1 月第 1 版
　　字数：229 千字　　　　　　　　2025 年 7 月北京第 30 次印刷
　　著作权合同登记号　图字：01-2014-4364 号

定价：48.00 元

读者服务热线：(010)81055296 印装质量热线：(010)81055316
反盗版热线：(010)81055315

目录

引言

在我们的日常生活中，像"练习结实的肌肉""有氧训练""举重训练"这样的术语能够让人联想到健身房。其他词语，如"学习""课程表""考试"，使人联想到学校。特定的术语能够让人联想到特定的环境。在过去数年间，"身体核心区"这个术语已经被人们广泛认知。比如在健身房中训练中常常提到"提升身体核心肌肉结实度"，在比赛场地常提到"激发身体核心力量"，从久坐的工作中站起锻炼身体核心，在理疗诊所增加身体核心力量。身体核心有如此多的用途和意义，所以在这里要好好谈一谈。

究竟什么是核心？

身体核心区主要是身体下部躯干区域的肌肉，这些肌肉共同作用为身体提供支撑和活动，从而使全身进行运动。身体核心肌肉群有腹直肌，也叫六块腹肌，这些腹部肌肉能使腹壁紧张。在腹部肌肉的周围是腹内斜肌和腹外斜肌，这些肌肉使你的身体能够向一侧弯曲，也使躯干进行旋转。竖脊肌的形状像圣诞树的枝干，位置在腹肌的后方，位于下背部，它负责保持脊柱的稳定和脊柱运动。最后，髋部屈肌是这些肌肉群的基础，支撑骨盆部位的运动。

本质上，身体核心是身体的中心，是一个人在运动、功能和耐久性方面的关键表现。增强身体核心肌肉群的有氧能力和运动能力需要持续的训练。使你的身体核心发挥最大能力不仅仅需要正确的饮食，而且需要一系列的力量、拉伸、平衡、重组练习，能够使骨骼、肌肉和关节合理地协作，起到减肥效果，这些效果仅靠饮食营养是无法达到的。

保持强壮的身体核心，也能够使辅助肌肉得到最佳的支撑。身体核心是身体总体运行能力的关键所在，以至于锻炼每一块肌肉时都要涉及它。比如身体核心在垂直运动中参与保持身体的直立；当把哑铃推过头顶时，身体核心肌肉使身体保持直立，而不是弯曲。你是不是在锻炼肱三头肌之后发现上腹部酸痛的情况？这表明你的身体核心也参与了运动。即使是日常活动，只有在身体核心能够稳定你的身体并给其他肌肉提供支持的前提下，你才能够日常劳动。比如，在壁橱中找吃的东西、修剪草坪、换尿布、收拾杂物和所有的日常活动都需要运用身体肌肉系统，同时也需要的你的身体核心肌肉保持稳定。

相扑深蹲使身体核心能够保持正确的垂直运动。

不幸的是，一些额外的支撑，比如椅子靠背，经年累月地代替身体本身做了这些支撑工作，我们的身体核心因此深受其害。尤其是那些在办公室久坐的职业人更应该定期保养他们的身体核心。所以身体核心训练不是专门为运动员准备的，而是为所有的人准备的一从那些想提高成绩的高尔夫球爱好者，到那些整日坐在办公桌前，腰酸背痛的上班族。身体核心训练会使你们受益，这些上班族比以前任何时候都承担了更多责任，却只有更少的时间去锻炼身体。

身体核心训练和身体核心稳定性

很多时候在谈论到身体核心时，"身体核心训练"和"身体核心稳定性"是可以互换的。但是他们却是两种完全不同的概念。在身体核心训练中，肌肉是以整体来起作用，而不是孤立存在的。在其他情况下，肌肉负重训练中是单独起作用的，在这些训练中，训练目标是特定的肌肉群，

比如胸部肌肉或二头肌。身体核心训练是直接作用于身体核心体位。身体核心训练和力量训练相似，可以提高你的上腹部肌肉的清晰程度和全身肌肉的紧实程度。这样，身体核心训练常常是那些想要锻炼出一个轮廓清晰、平滑的上腹肌的人的所需要的。这些人主要包括那些想要展示健美的肌肉轮廓的模特或者健美运动员。相对而言，身体核心稳定性练习是帮助你锻炼出一个强壮的身体核心的动作和姿势，使你的身体核心能够做任何你想做的事情。身体核心参与所有动作，在锻炼中不可能将它排除。假如你将一定的重物举过头顶，你就会发现你的身体核心部位扮演了一个稳定者的角色，它使三角肌和三头肌可以完成这个任务。假如连最基本的身体核心稳定都没有，躯干就会弯曲，在这个动作中无法保持身体垂直和背部平直。腹肌的作用是辅助脊柱，而身体核心稳定练习可以使这种作用得到充分发挥，同时使看得见的腹部肌肉得到锻炼。

维护良好的身体核心使你能够胜任任何你想做的事情。

怎样才能知道身体核心是稳定还是不稳定？

如果说身体核心稳定是身体核心在实际的动作中脊柱支撑的结果，那么不稳定就是关节周围组织对脊柱缺乏支撑，使得运动发生困难的表现。自发身体核心运动大部分是主要肌肉或肌肉群作用的结果，比如腹直肌和竖脊肌，但是也得到小肌肉群的帮助，比如腹横肌。对于健康的个体，稳定性的肌肉是自动工作的，但是如果有伤病，比如扭伤或椎间盘突出，脊柱就不能给身体适当的支撑。在这些情况下，主要运动肌肉就会接管过来，被迫做本该是肌肉整体做的工作，这就导致不稳定的产生。

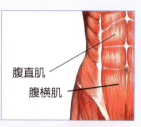

身体核心稳定很大程度上依赖于腹直肌、腹横肌和竖脊肌。

腹直肌
腹横肌

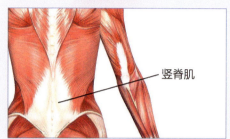

竖脊肌

与理想的身体核心稳定性紧密相关的是更为出色的身体功能和日常生活表现，而不仅是纯美学上的腹部肌肉组织的形状或清晰程度。在使整个上腹部保持看起来柔软、有肉感的同时，拥有非常好的身体核心稳定（运动表现和支撑）也是可能的，无论如何，在通过练习使你的身体核心更加稳定的同时，你的腹部肌肉会变得更加明显。相反的，对那些肌肉发达的人来说，并不意味着他们的腹部肌肉一定稳定。力量是身体核心稳定的一个要素，但不是主要功能。

随着我们年龄增大，对美感的盲目追求变少了，对健康的渴望会超越对外表美的追求。这本书能够帮助你塑造一个苗条的，令人满意的，强壮的腰部曲线，这可以为你的年龄日益增加的脊柱提供支撑，让你感到更加年轻。

静态练习和动态练习

在锻炼和增强身体核心肌肉力量时，为了达到最佳效果，有两种不同的练习方法是必须采用的：静态练习和动态练习。静态练习能够增强肌肉力量，改善身体柔韧性和灵活性，而动态练习能够帮助血液循环，增加力量和耐力。

虽然人们在谈到锻炼身体核心时经常想到腹部肌肉训练，而真正的功能性训练要更有益处，这种训练加速了身体完成日常劳动能力的改善。知道如何在做不同的动作时使你的身体核心参与进来是十分重要的，这样可以为你的脊柱提供最大的稳定性。

使用这本书

本书开篇选取了一些常规练习，可以作为热身或拉伸练习。之后选取了丰富的静态和动态练习。最后这本书以一些实用的训练套餐结尾。轻松地开始是非常重要的，因为首要目标是身体核心稳定。和掌握正确的动作姿势和执行方法相比，力量和爆发力是第二位的。同时辅助肌肉也能够发挥很重要的作用，尤其是对脊柱的支撑最为突出。

在锻炼身体核心时需要记住几条重要线索，包括正确的呼吸、速度和练习。用心地、坚定地执行这三个要点就能够有效地和高效地锻炼到目标肌肉。因为这个原因，既不需要也不建议无止尽地练习和重复，你只需进行一些有计划性的练习套餐就能达到深层的肌肉锻炼。

呼吸要自然、深沉。在恢复动作或者是伸展动作时，需要伴随深深的吸气。之后是在动作执行用力或爆发时全力呼气。

最为重要是，在练习过程中永远不要屏住呼吸，尤其是在静态练习时，屏住呼吸可能是致命的。注意你的呼吸，同时也要保持与正在进行的练习相互协调。

练习的速度应该参照以下规律：在恢复动作部分，要缓慢有控制地进行，在执行动作部分要有爆发性。这里推荐间隔5秒重复动作，做动作的速度应该既不太快也不太慢，采用一种自然的节奏，能够在整组动作中保持这个节奏。

有效练习的关键是全身心地投入每一次重复练习。那些宣称能做1000次仰卧起坐的人，实际上只有大概100个符合标准，因为在做如此大量的练习时，脖子和下背部容易参与到动作中，同时速度和冲力也在起作用，这是不符合标准的。尽管核心肌肉锻炼要求主要肌肉和次要肌肉同时工作，身体核心稳定性处于最佳状态时，每一块肌肉都在整体中发挥它应有的作用。

像俯卧撑和仰卧起坐这种基本练习只有在动作正确的时候才是有益的。质量重于数量。

人体构造

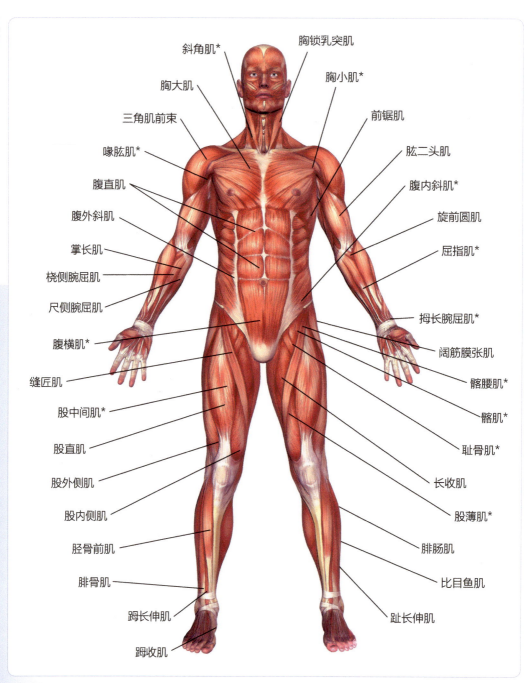

斜角肌*

胸锁乳突肌

胸大肌

胸小肌*

三角肌前束

前锯肌

喙肱肌*

肱二头肌

腹直肌

腹内斜肌*

腹外斜肌

旋前圆肌

掌长肌

屈指肌*

桡侧腕屈肌

尺侧腕屈肌

拇长腕屈肌*

腹横肌*

阔筋膜张肌

缝匠肌

髂腰肌*

股中间肌*

髂肌*

股直肌

耻骨肌*

股外侧肌

长收肌

股内侧肌

股薄肌*

胫骨前肌

腓肠肌

腓骨肌

比目鱼肌

跛长伸肌

趾长伸肌

跛收肌

人体构造

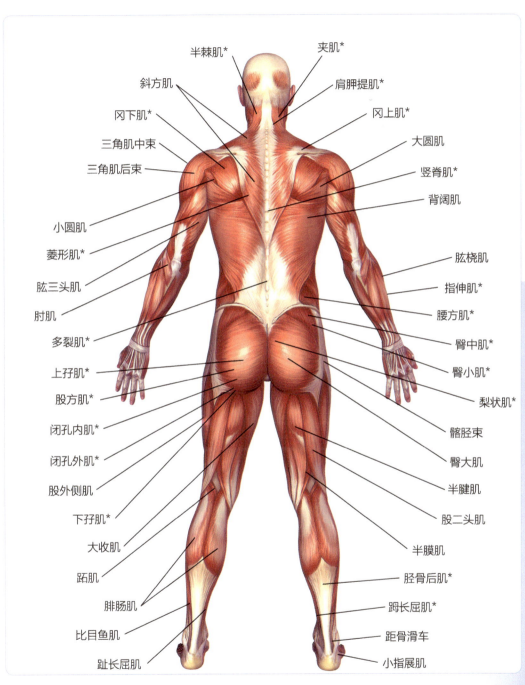

半棘肌*

夹肌*

斜方肌

肩胛提肌*

冈下肌*

冈上肌*

三角肌中束

大圆肌

三角肌后束

竖脊肌*

背阔肌

小圆肌

菱形肌*

肱桡肌

肱三头肌

指伸肌*

肘肌

腰方肌*

多裂肌*

臀中肌*

上孖肌*

臀小肌*

股方肌*

梨状肌*

闭孔内肌*

髂胫束

闭孔外肌*

臀大肌

股外侧肌

半腱肌

下孖肌*

股二头肌

大收肌

半膜肌

跖肌

胫骨后肌*

腓肠肌

跨长屈肌*

比目鱼肌

距骨滑车

趾长屈肌

小指展肌

13

热身和拉伸练习

在有效的锻炼计划中，适当的热身对于预防受伤至关重要。热身运动可以保持工作状态的肌肉供血充足，在肌肉强烈收缩时能够更加柔软，这在身体核心锻炼中是必须的。在拉伸练习中最好使你的体温稍微升高，同时提高你的心率，这是拉伸练习应该优先达到的效果，这样你的肌肉就能够为练习做好准备，而不会在练习中被撕裂。一项5～10分钟的心血管调节运动能够满足这个要求，比如低速固定自行车练习。

瑞士球腹部拉伸

❶ 开始时将你的背部靠在一个瑞士球上，双脚分开与肩同宽，双臂向头上伸直。

❷ 将双臂向后伸，直到你的双手碰到地面。

正确做法
保持躯干紧靠在球上

避免
过度拉伸提升你的骨盆

❸ 在下背部靠在球上的同时，降低你的臀部，同时向天花板方向拉伸腹部，保持这个姿势30秒，然后放松。之后重复这个动作，保持30秒。

级别
• 初学者

时间
• 一次保持30秒，1分钟完成整个练习

益处
• 拉伸腹直肌

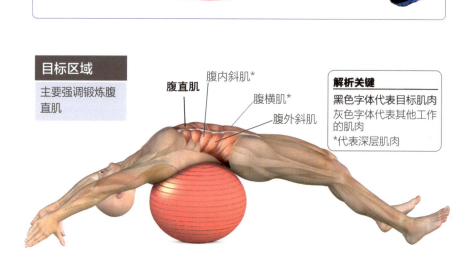

目标区域
主要强调锻炼腹直肌

腹直肌　腹内斜肌*

腹横肌*

腹外斜肌

解析关键
黑色字体代表目标肌肉
灰色字体代表其他工作的肌肉
*代表深层肌肉

侧向拉伸

❶ 开始采用站姿，将右手放在你的髋部，左臂举过头顶，将左手向右侧伸出，使躯干向相同方向倾斜。保持这个姿势30秒。

正确做法
保持躯干挺直

避免
腰部向前或向后弯曲

❷ 放松，然后再重复这个动作30秒，然后换另一侧。

目标区域

主要强调上背部、锯肌斜肌和肋间肌肉群

解析关键
黑色字体代表目标肌肉
灰色字体代表其他工作的肌肉
*代表深层肌肉

级别
• 初学者

时间
• 一次保持30秒；两分钟完成整个练习

益处
• 拉伸上背部和身体核心

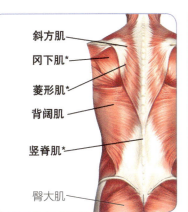

斜方肌
冈下肌*
菱形肌*
背阔肌
竖脊肌*
臀大肌

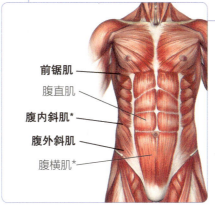

前锯肌
腹直肌
腹内斜肌*
腹外斜肌
腹横肌*

侧向弯曲

① 竖直站立，双手放在体侧。身体向右侧缓慢弯曲，同时伸出你的右手沿大腿外侧下滑，然后身体回到竖直位置。

正确做法
保持躯干笔直

避免
腰部向前或向后弯曲

级别
- 初学者

时间
- 1分钟完成整个练习

益处
- 拉伸身体核心肌肉

② 重复这个动作10次，然后换另一侧重复以上动作。

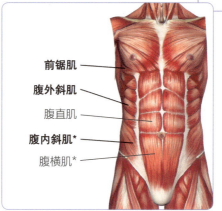

前锯肌

腹外斜肌

腹直肌

腹内斜肌*

腹横肌*

目标区域

主要强调锻炼锯肌、腹斜肌和肋间肌肉群

解析关键

黑色字体代表目标肌肉
灰色字体代表其他工作的肌肉
*代表深层肌肉

坐姿脊柱拉伸

❶ 坐于地板上，将右腿向前方伸出，左腿在膝盖处弯曲，交叉于右腿之上，左脚踩在地面上。将你的左手置于地面上用于支撑，右手垂下放在你的左腿上。

❷ 将躯干向左侧旋转，保持这个姿势30秒，然后重复这个动作。完成以后换另一侧重复以上动作。

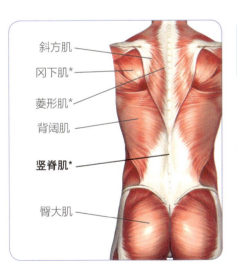

斜方肌
冈下肌*
菱形肌*
背阔肌
竖脊肌*
臀大肌

正确做法
总是保持你的背部笔直

避免
在拉伸时过度扭转你的躯干

目标区域
主要强调锻炼竖脊肌

解析关键
黑色字体代表目标肌肉
灰色字体代表其他工作的肌肉
*代表深层肌肉

级别
● 初学者

时间
● 一次保持30秒，2分钟完成整个练习

益处
● 能够增加脊柱的活动性

限制
● 有下背部问题的人避免做这个练习

眼镜蛇拉伸

① 双臂弯曲，面部朝下躺下，使你的肘部向内收，手掌向下平放在地面上。

正确做法
确保你的双臂紧贴两侧

避免
过度起身摆动

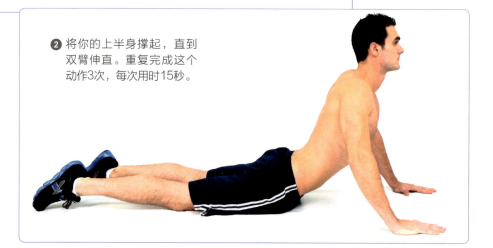

② 将你的上半身撑起，直到双臂伸直。重复完成这个动作3次，每次用时15秒。

级别
• 中级

时间
• 45秒完成整个练习

益处
• 帮助脊柱关节放松

限制
• 有下背部问题的人应该避免做这个练习

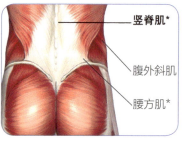

竖脊肌*

腹外斜肌

腰方肌*

目标区域
主要强调锻炼竖脊肌

解析关键
黑色字体代表目标肌肉
灰色字体代表其他工作的肌肉
*代表深层肌肉

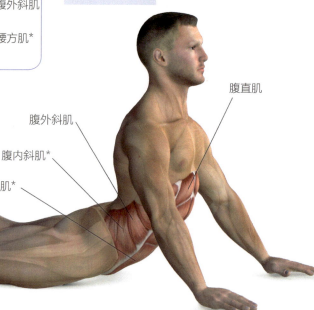

腹直肌

腹外斜肌

腹内斜肌*

腹横肌*

20

髂胫束拉伸

❶ 开始采用站姿，将左脚交叉置于右脚踝后方。将双臂举过头顶，然后身体前屈，使你的双手指尖尽可能接近地面。

❷ 保持这个姿势20秒，然后重复这个动作，然后换另一条腿重复以上动作，重复整个拉伸动作。

正确做法
确保放松地做这个练习

避免
过度拉伸你的双腿

级别
● 中级

时间
● 一次保持20秒，90秒完成整个练习

益处
● 增加髋部的运动范围

髂胫束

臀大肌

股外侧肌

半腱肌

股二头肌

半膜肌

目标区域

主要强调锻炼髂胫束

解析关键
黑色字体代表目标肌肉
灰色字体代表其他工作的肌肉
*代表深层肌肉

内收肌拉伸

1. 双脚分开一定宽度，站立。

2. 弯曲你的右腿同时降低躯干高度，将双手置于大腿外侧，使你的左大腿内侧感到深度拉伸。

3. 保持这个动作30秒，然后再重复这个动作30秒，之后换另一条腿重复以上动作。重复这项练习。

正确做法
保持你的躯干挺直

避免
避免过度拉伸你伸出来的那条腿

级别
- 初学者

时间
- 一次保持30秒，2分钟完成整个练习

益处
- 拉伸内收肌

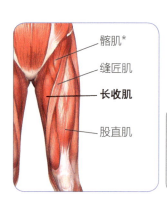

髂肌*
缝匠肌
长收肌
股直肌

目标区域
主要强调锻炼内收肌肉群

解析关键
黑色字体代表目标肌肉
灰色字体代表其他工作的肌肉
*代表深层肌肉

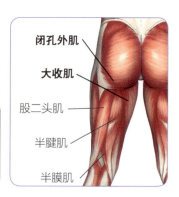

闭孔外肌
大收肌
股二头肌
半腱肌
半膜肌

臀屈肌拉伸

① 将左膝跪于地上，右腿弯曲，置于身体前方。使你的左手垂下置于大腿外侧，或置于髋部。

正确做法
保持前面的膝盖的位置在脚的正上方做支撑

避免
过度拉紧你前方

② 将你的中心移至右侧大腿上，从内部感到深度拉伸，同时保持胸部挺出、背部笔直。保持这个动作30秒，放松，重复做这个动作保持30秒，然后换另一条腿重复以上动作。

级别
- 初学者

时间
- 一次保持30秒，2分钟完成整个练习

益处
- 改善膝盖及腰部的灵活性

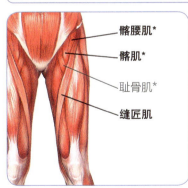

髂腰肌*
髂肌*
耻骨肌*
缝匠肌

目标区域

主要强化锻炼臀屈肌

解析关键

黑色字体代表目标肌肉
灰色字体代表其他工作的肌肉
*代表深层肌肉

梨状肌拉伸

❶ 仰卧，左腿弯曲，用你的右脚踝交叉于你的左膝之上，用双手抓住左侧大腿后方靠近膝盖的位置，缓慢地向你的右肩方向拉。

正确做法
保持你的背部直贴地面

避免
过分拉伸或膝关节紧张

❷ 保持这个姿势30秒，放松，然后重复这个动作保持30秒，然后换另一侧重复以上动作。

级别
● 初学者

时间
● 一次保持30秒，2分钟完成整个练习

益处
● 拉伸臀部和髋部肌肉群

目标区域

主要强调锻炼臀部和髋部肌肉

解析关键
黑色字体代表目标肌肉
灰色字体代表其他工作的肌肉
*代表深层肌肉

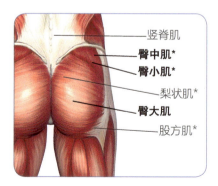

竖脊肌
臀中肌*
臀小肌*
梨状肌*
臀大肌
股方肌*

腰部拉伸

① 仰卧，使双腿弯曲成90度，将双臂向外伸出。

正确做法
保持你的背部竖直贴紧地面

避免
将双腿向侧面用力掰

② 缓慢地将你的双膝拉向左边，直到下方的膝盖几乎碰到地面。保持这个动作30秒，重复这个动作，然后换另一侧重复以上动作。

级别
• 初学者

时间
• 一次保持30秒，2分钟完成整个练习

益处
• 保持脊柱灵活性

限制
• 有下背部问题的人应该避免做这个练习

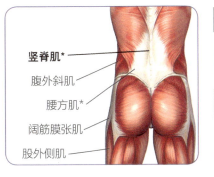

竖脊肌*
腹外斜肌
腰方肌*
阔筋膜张肌
股外侧肌

目标区域
主要强调锻炼竖脊肌

解析关键
黑色字体代表目标肌肉
灰色字体代表其他工作的肌肉
*代表深层肌肉

静态练习

  静态练习，也被称作"等角度练习"，能够充分锻炼肌肉，不需要关节运动参与。比如推一面墙就是静态练习的一个例子。拉伸练习也可以被认为是静态的，因为在拉伸练习中需要保持某种姿势一段时间。静态练习的主要功能是稳定脊柱，脊柱在练习中应该是保持不动的。在静态练习中，不改变肌肉的长度，而且关节没有可见的运动。在静态练习中不要屏住你的呼吸，这种练习能够使你的血压升高，屏住呼吸可能会有生命危险。那些有心脑血管疾病或高血压的人在做这种类型的练习时应该谨慎。

站立平衡

正确做法
在整个练习中
保持躯干笔直

避免
使双肩下垂

❶ 开始采用站姿，
将左脚置于一块
泡沫砖上，右腿
弯曲成90度。将
双臂完全伸平和
身体成90度，平
行于地面。

级别
• 中级

时间
• 2分钟完成整
个动作

益处
• 帮助稳定整个
身体

限制
• 有下背部问题
的人应该避免
做这个练习

变化练习

在这个练习的
时候，可以尝
试着眼睛闭完
成动作。

❷ 保持这个姿势
30秒，重复
这个动作，然
后换另一侧重
复以上动作。

目标区域
主要强调锻炼腹
部、臀部和髋部
肌肉

腹直肌

腹横肌*

髂腰肌*

髂肌*

解析关键
黑色字体代表目标肌肉
灰色字体代表其他工作
的肌肉
*代表深层肌肉

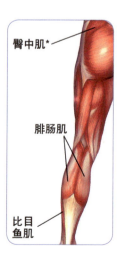

臀中肌*

腓肠肌

比目
鱼肌

站立伸展

❶ 开始采用站姿，双手置于你的髋部。

正确做法
保持躯干和腹部肌肉缩紧

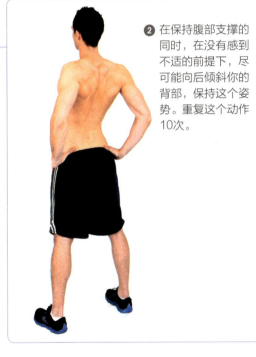

❷ 在保持腹部支撑的同时，在没有感到不适的前提下，尽可能向后倾斜你的背部，保持这个姿势。重复这个动作10次。

避免
使双肩下垂

级别
• 中级

时间
• 1分钟完成整个练习

益处
• 帮助稳定整个身体

限制
• 有下背部问题的人应该避免做这个练习

目标区域

主要强调锻炼腹直肌和竖脊肌

解析关键
黑色字体代表目标肌肉
灰色字体代表其他工作的肌肉
*代表深层肌肉

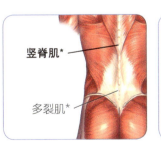

竖脊肌*

多裂肌*

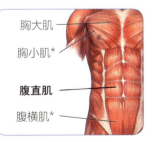

胸大肌

胸小肌*

腹直肌

腹横肌*

站立腹部支撑

1 双腿稍分开站立，将你的双臂抱于身前。

正确做法
确保在肌肉缩紧时呼气

避免
做这个练习时速度过快

2 将骨盆位置稍微向前摆，再向后摆，保持姿势每次数5秒，重复3次。

级别
- 初学者

时间
- 15秒完成整个练习

益处
- 帮助放松身体核心肌肉

限制
- 有下背部问题的人应该避免做这个练习

目标区域
主要强调锻炼腹部肌肉和下背部

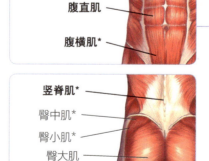

腹直肌

腹横肌*

竖脊肌*

臀中肌*

臀小肌*

臀大肌

解析关键
黑色字体代表目标肌肉
灰色字体代表其他工作的肌肉
*代表深层肌肉

坐姿骨盆倾斜

① 坐在一个瑞士球上，将双手置于大腿上。

正确做法
确保在肌肉缩紧时呼气

避免
做这个练习时速度过快

② 在缩紧腹部肌肉的同时，从前向后，从左向右缓慢地摆动你的躯干，每次数5秒钟，重复这个动作6次。

目标区域

使脊柱更加灵活

解析关键
黑色字体代表目标肌肉
灰色字体代表其他工作的肌肉
*代表深层肌肉

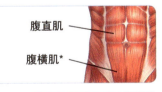

腹直肌
腹横肌*

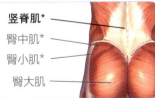

竖脊肌*
臀中肌*
臀小肌*
臀大肌

级别
• 初学者

时间
• 一次保持30秒，2分钟完成整个练习

益处
• 能够增加脊柱的活动性

限制
• 下背部有问题的人应该避免做这个练习

座椅姿势

1 开始采用竖直站立的姿势

正确做法
在整个练习中保持腹部缩紧

避免
避免过度弓起你的背部

级别
- 初学者

时间
- 1分钟完成整个动作

益处
- 帮助提高整个身体的稳定性

限制
- 下背部有问题的人应该避免做这个练习

2 将你的双臂举过头顶，双膝弯曲，成大约45度角的同时伸展你的上半身。

3 保持双脚平直，脚后跟用力，保持这个动作30～60秒。

目标区域

主要锻炼下背部、股四头肌和小腿，三头肌和三角肌起次要辅助作用。

解析关键

黑色字体代表目标肌肉
灰色字体代表其他工作的肌肉
*代表深层肌肉

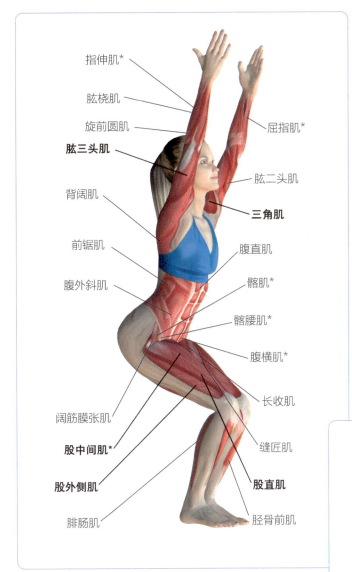

指伸肌*
肱桡肌
旋前圆肌
肱三头肌
背阔肌
前锯肌
腹外斜肌
阔筋膜张肌
股中间肌*
股外侧肌
腓肠肌

屈指肌*
肱二头肌
三角肌
腹直肌
髂肌*
髂腰肌*
腹横肌*
长收肌
缝匠肌
股直肌
胫骨前肌

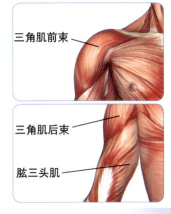

三角肌前束

三角肌后束
肱三头肌

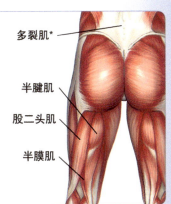

多裂肌*
半腱肌
股二头肌
半膜肌

手拉脚趾踢腿

❶ 将你的右手置于
髋部站立，将重
心移到右脚上。

❷ 向胸部方向抬起
左膝，用左手握
住你的左脚。

正确做法
保持髋部摆正

避免
单脚来回跳

级别
中级

时间
• 2分钟完成整
个练习

益处
• 增加腹部和腿
部稳定性

限制
• 有下背部问题
的人应该避免
做这个练习

变化练习

提高挑战难度，可以在放
下腿前增加这个步骤。将
你的左腿向外侧摆，仍然
握住你的脚趾，使呼吸保
持平稳，或者屏住呼吸大
约5秒。

❸ 向前伸展左腿，
手指继续握住你
的脚趾。保持这
个姿势10秒，然
后放下这条腿。
每条腿重复这个
动作5次。

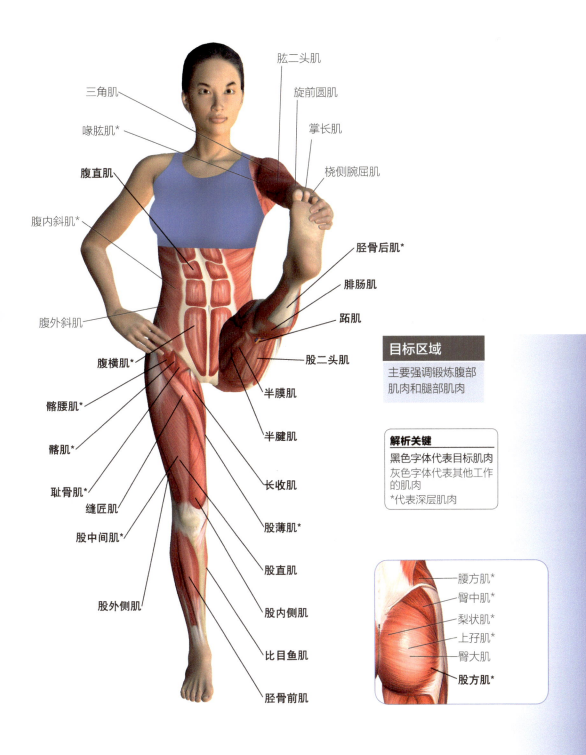

肱二头肌

旋前圆肌

掌长肌

三角肌

桡侧腕屈肌

喙肱肌*

腹直肌

腹内斜肌*

胫骨后肌*

腓肠肌

跖肌

腹外斜肌

股二头肌

腹横肌*

半膜肌

半腱肌

髂腰肌*

髂肌*

长收肌

耻骨肌*

缝匠肌

股薄肌*

股中间肌*

股直肌

股内侧肌

股外侧肌

比目鱼肌

胫骨前肌

腰方肌*

臀中肌*

梨状肌*

上孖肌*

臀大肌

股方肌*

目标区域

主要强调锻炼腹部
肌肉和腿部肌肉

解析关键

黑色字体代表目标肌肉
灰色字体代表其他工作
的肌肉
*代表深层肌肉

坐姿平衡

❶ 坐在一个瑞士球上，将双手置于身体两侧，放在瑞士球上。

正确做法
保持身体核心肌肉缩紧

避免
身体向前松

❷ 将右腿抬起和地面平行，保持这个姿势5秒。

级别
• 初学者

时间
• 1分钟完成整个动作

益处
• 帮助加强和稳定腹部肌肉

限制
• 有下背部问题的人应该避免做这个练习

❸ 用左腿重复这个动作。

目标区域

主要强调锻炼腹部肌肉，四头肌起辅助作用

解析关键

黑色字体代表目标肌肉
灰色字体代表其他工作的肌肉
*代表深层肌肉

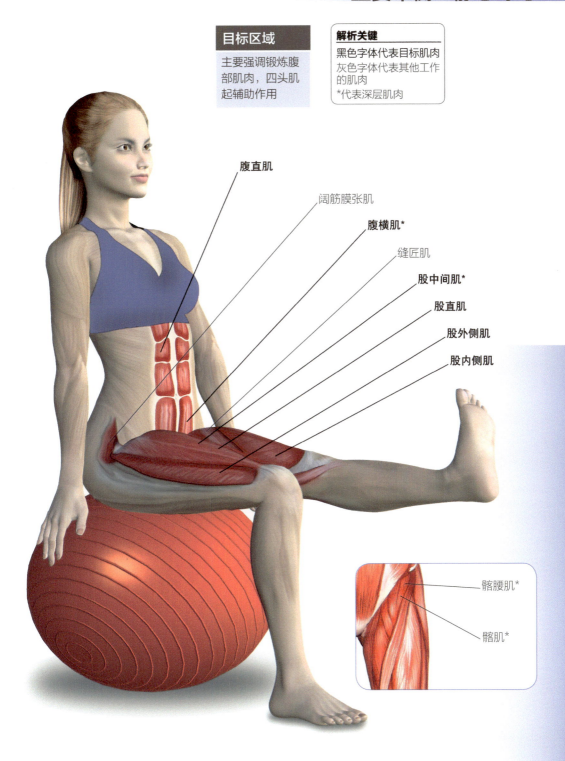

腹直肌

阔筋膜张肌

腹横肌*

缝匠肌

股中间肌*

股直肌

股外侧肌

股内侧肌

髂腰肌*

髂肌*

跪姿大腿后摆

❶ 开始采用跪姿，后背挺直，将双臂置于身体两侧。

正确做法
保持躯干成一条直线

避免
向后倾斜幅度过大

级别

• 高级

时间

• 1分钟完成整个练习

益处

• 能够改善腹部和大腿力量

限制

• 有下背部问题的人应该避免做这个练习

❷ 整个身体向后倾斜，同时保持你的身体成一条直线，使腹部绷紧。

❸ 保持向后倾斜的动作，然后收缩你的臀部肌肉，然后缓慢地回到开始姿势。重复完成这个动作10次。

目标区域

主要强调锻炼腹肌和四头肌

解析关键

黑色字体代表目标肌肉
灰色字体代表其他工作的肌肉
*代表深层肌肉

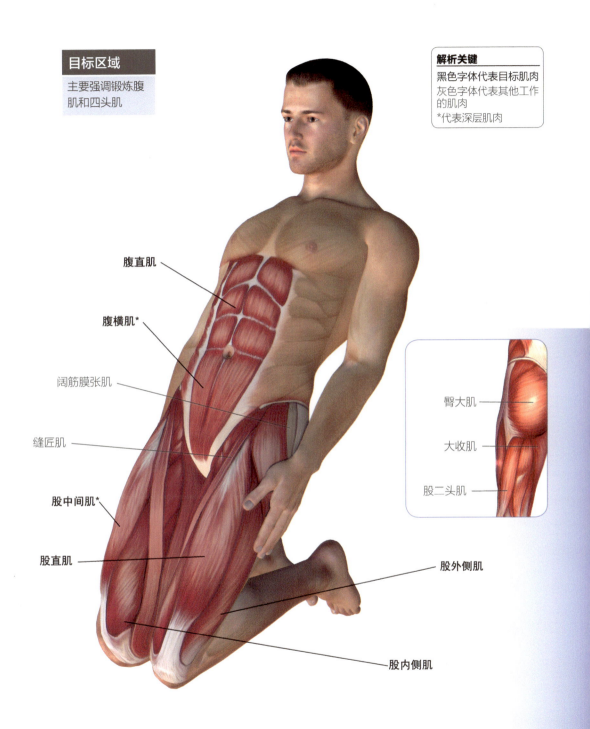

腹直肌

腹横肌*

阔筋膜张肌

缝匠肌

股中间肌*

股直肌

臀大肌

大收肌

股二头肌

股外侧肌

股内侧肌

平板支撑

静态练习

❶ 用四肢支撑身体，然后将前臂平放在地面上，两条前臂相互平行。

正确做法
保持腹部肌肉紧致，身体成一条直线

避免
撑起过高，这样会使锻炼肌肉过度紧张而受损

❷ 将双膝从地面抬起，伸长你的双腿直到双腿和身体呈一条直线。保持这个动作30秒（逐步增加到120秒）。

级别

• 初学者至中级

时间

• 初学者：30秒完成整个练习
• 中级：2分钟完成整个练习

益处

• 增加支撑身体重量的能力

限制

• 孕妇虽然可以做这项练习，但练习时应该谨慎小心

目标区域
主要强调锻炼腹直肌和竖脊肌。

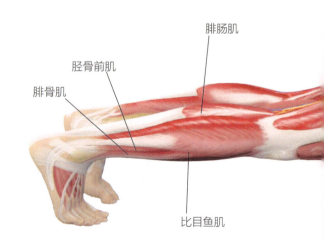

腓肠肌

胫骨前肌

腓骨肌

比目鱼肌

变化练习

这个变化练习对练习者提出更大挑战，动作开始时不是用你的前臂支撑，而是用完全伸直的手臂支撑身体，然后继续完成步骤2（下降身体）。

解析关键

黑色字体代表目标肌肉
灰色字体代表其他工作的肌肉
*代表深层肌肉

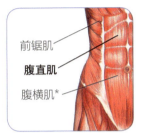

前锯肌
腹直肌
腹横肌*

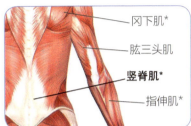

冈下肌*
肱三头肌
竖脊肌*
指伸肌*

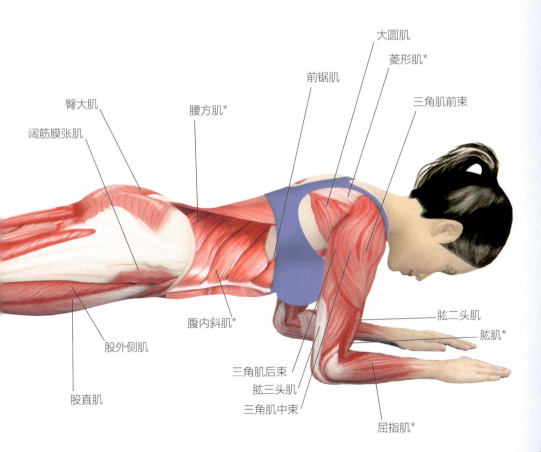

大圆肌
菱形肌*
前锯肌
三角肌前束
臀大肌
腰方肌*
阔筋膜张肌
肱二头肌
肱肌*
腹内斜肌*
股外侧肌
三角肌后束
肱三头肌
三角肌中束
股直肌
屈指肌*

41

侧向平板支撑

❶ 右侧俯卧，双腿伸直，互相平行。

❷ 使你的右臂弯曲成90度，指关节向前，将左臂置于你的左侧髋部。

正确做法
推起时前臂和髋部用力均匀

避免
使肩部承受过多压力

级别
- 高级

时间
- 2分钟完成整个动作

益处
- 增加静态支撑力量从而改善躯干稳定性

限制
- 患有慢性下背部疼痛的人在尝试做这个练习时应该谨慎

❸ 将你的右前臂推起，同时抬起髋部离开地面，直到身体成一条直线。

❹ 保持这个姿势30秒（逐步增加至1分钟整），然后换到你的左边重复这个练习。

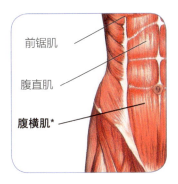

前锯肌

腹直肌

腹横肌*

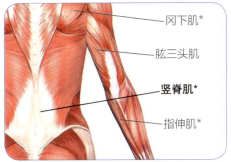

冈下肌*

肱三头肌

竖脊肌*

指伸肌*

解析关键

黑色字体代表目标肌肉
灰色字体代表其他工作
的肌肉
*代表深层肌肉

目标区域

主要强调锻炼腹
横肌、竖脊肌和
三角肌。

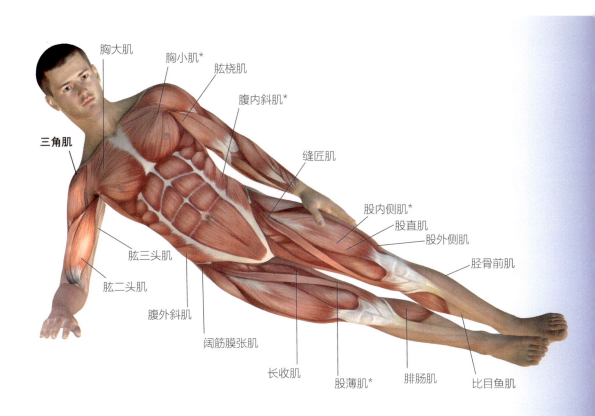

胸大肌

胸小肌*

肱桡肌

腹内斜肌*

缝匠肌

股内侧肌*

股直肌

股外侧肌

胫骨前肌

三角肌

肱三头肌

肱二头肌

腹外斜肌

阔筋膜张肌

长收肌

股薄肌*

腓肠肌

比目鱼肌

前平板支撑

❶ 采用坐姿，两腿在身体前方伸直，双臂置于身体后方，使手指指尖伸向前方。

正确做法
在这个练习中保持骨盆抬高

避免
双肩向后松弛

❷ 手掌推起，将髋部和臀部抬起离开地面，直到你的身体从肩膀位置以下开始成一条直线。

级别
• 中级

时间
• 1分钟完成这个练习

益处
• 提高支撑自己体重的能力

限制
• 有下背部问题的人应该避免做这个练习

❸ 抬起一条腿，保持这个姿势30秒。然后换另一条腿重复以上动作。

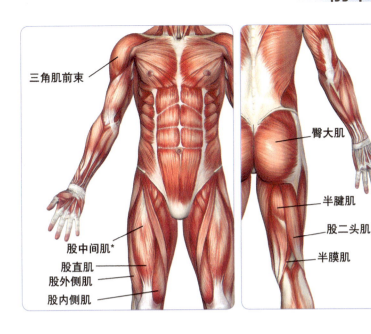

三角肌前束

臀大肌

半腱肌

股二头肌

半膜肌

股中间肌*
股直肌
股外侧肌
股内侧肌

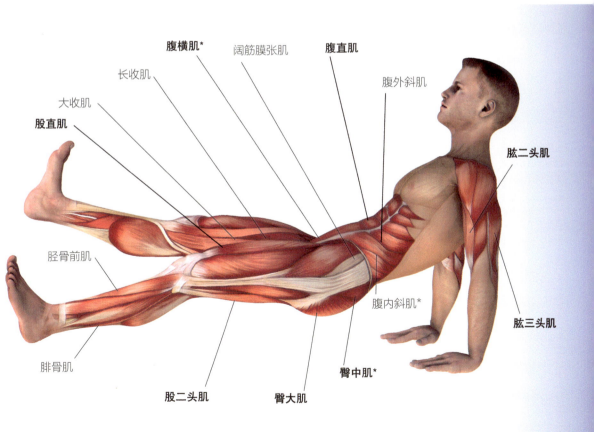

腹横肌* 阔筋膜张肌 腹直肌

长收肌 腹外斜肌

大收肌

股直肌

肱二头肌

胫骨前肌

腹内斜肌*

肱三头肌

腓骨肌

臀中肌*

股二头肌 臀大肌

爬行成平板支撑

❶ 开始采用站姿，腰部弯曲，保持双腿伸直，同时用双手撑住地面。

正确做法
在做平板支撑姿势时保持身体平直

避免
身体下降得太低，这样可能扭伤下背部肌肉

❷ 双手向前爬行，使其远离你的双脚，直到身体形成一个平板支撑姿势，用双脚接触地面。

级别
● 中级

时间
● 1分钟完成这个练习

益处
● 帮助增加上半身的力量和稳定性

限制
● 腰部运动受限或者肩膀疼痛的人应该避免做这个练习

❸ 当你的身体形成一个平板支撑姿势，保持双臂伸直，同时降低你的双肩。

❹ 保持这个姿势10秒，然后双手向你的双脚方向爬，最后回到竖直站立姿势。重复这个动作6次。

变化练习

简化这个练习的难度，使用你的前臂代替双手在地上支撑你的身体。

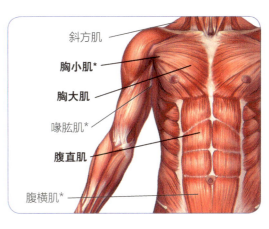

斜方肌
胸小肌*
胸大肌
喙肱肌*
腹直肌
腹横肌*

解析关键

黑色字体代表目标肌肉
灰色字体代表其他工作的肌肉
*代表深层肌肉

目标区域

主要锻炼胸部肌肉、二头肌、三头肌和腹直肌

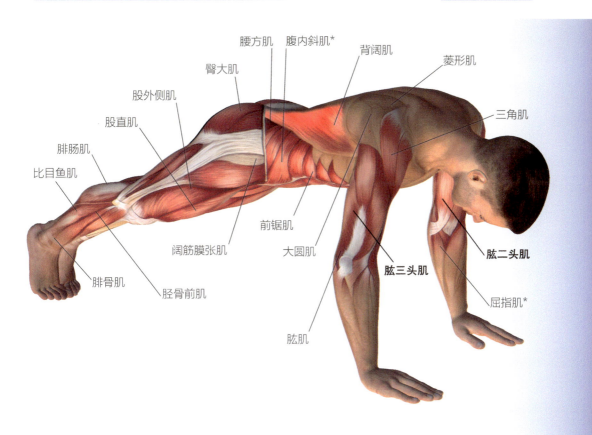

腰方肌
腹内斜肌*
背阔肌
菱形肌
臀大肌
三角肌
股外侧肌
股直肌
腓肠肌
比目鱼肌
前锯肌
大圆肌
肱二头肌
阔筋膜张肌
肱三头肌
腓骨肌
胫骨前肌
屈指肌*
肱肌

靠墙坐

① 靠墙站立。然后在向后靠住墙的同时，双脚向前一步，使下背部贴紧墙面形成支撑。

正确做法
在整个动作过程中总是保持你的下背部紧靠墙壁

避免
使双膝过度弯曲超出你的脚趾

级别
• 中级

时间
• 5分钟完成整个练习

益处
• 加强下半身力量

限制
• 有膝关节疼痛的人应该避免做这个练习

② 沿墙下滑，做一个类似深蹲的动作，直到你的两侧大腿大致与地面平行，然后保持这个姿势60秒。重复完成整个动作5次。

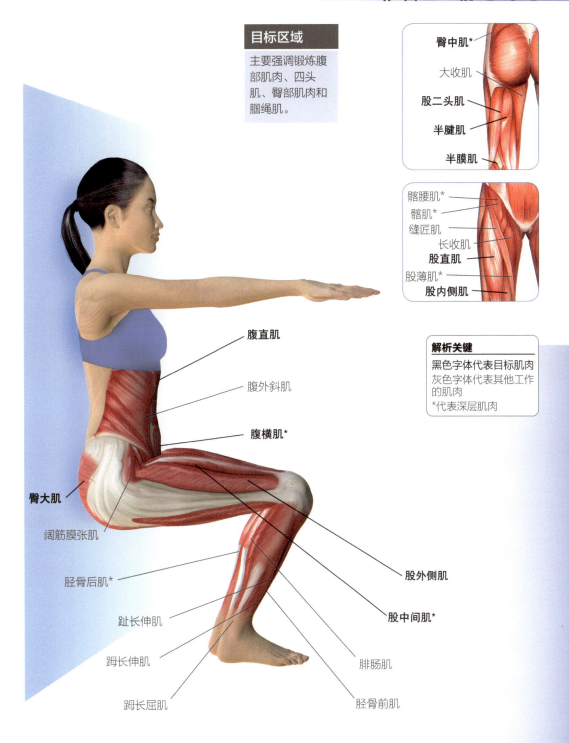

目标区域

主要强调锻炼腹部肌肉、四头肌、臀部肌肉和腘绳肌。

臀中肌*

大收肌

股二头肌

半腱肌

半膜肌

髂腰肌*

髂肌*

缝匠肌

长收肌

股直肌

股薄肌*

股内侧肌

解析关键

黑色字体代表目标肌肉

灰色字体代表其他工作的肌肉

*代表深层肌肉

腹直肌

腹外斜肌

腹横肌*

臀大肌

阔筋膜张肌

胫骨后肌*

趾长伸肌

拇长伸肌

拇长屈肌

股外侧肌

股中间肌*

腓肠肌

胫骨前肌

49

四足爬行

静态练习

正确做法	避免
在整个练习中保持背部平直	任何急促的动作

❶ 用你的四肢支撑身体，使双手和双脚分开与肩同宽。

级别

• 初学者

时间

• 3分钟完成整个练习

益处

• 帮助改善身体核心肌肉

限制

• 有下背部问题的人应该避免做这个练习

❷ 将左腿向后方完全伸展开，同时将左臂向身体前方伸出，然后回到开始姿势，用四肢支撑身体。重复这个练习，然后更换另一侧的腿和手臂，重复这个练习两次。

变化练习

增加这个练习的难度，首先采用一个变化的平板支撑姿势（见第41页），然后继续完成第步骤2（使身体下降）。

目标区域

主要强调锻炼肩部、上背部和身体核心肌肉

解析关键

黑色字体代表目标肌肉
灰色字体代表其他工作的肌肉
*代表深层肌肉

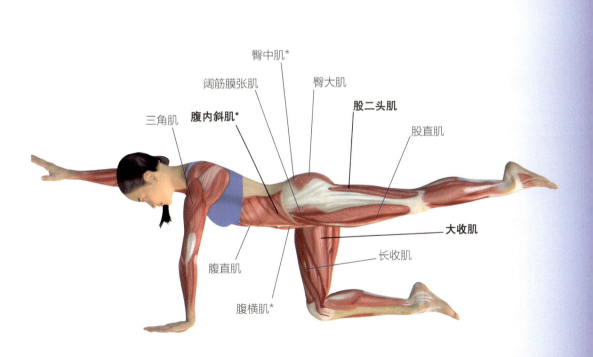

臀中肌*

阔筋膜张肌

臀大肌

股二头肌

三角肌

腹内斜肌*

股直肌

腹直肌

大收肌

长收肌

腹横肌*

腹横肌

正确做法
总是保持你的
背部平直

避免
使下背部下塌

❶ 开始将你的肘部和前臂置于一个瑞士球上，用脚趾支撑。

❷ 保持身体成一条直线，保持这个姿势30～60秒。

级别

• 高级

时间

• 60秒完成这个练习

益处

• 能够改善身体核心力量和稳定性

限制

• 有下背部问题的人应该避免做这个练习

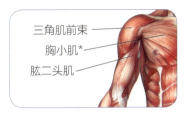

三角肌前束
胸小肌*
肱二头肌

解析关键
黑色字体代表目标肌肉
灰色字体代表其他工作
的肌肉
*代表深层肌肉

目标区域
主要强调锻炼整
个身体核心

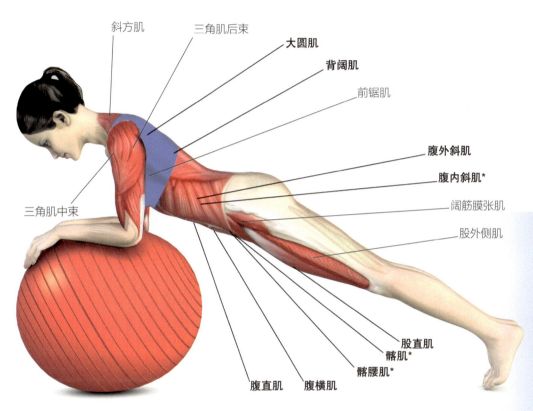

斜方肌
三角肌后束
大圆肌
背阔肌
前锯肌
腹外斜肌
腹内斜肌*
阔筋膜张肌
股外侧肌
三角肌中束
股直肌
髂肌*
髂腰肌*
腹直肌
腹横肌

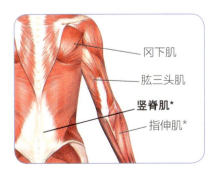

冈下肌
肱三头肌
竖脊肌*
指伸肌*

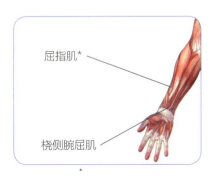

屈指肌*
桡侧腕屈肌

瑞士球仰卧成桥

❶ 竖直坐在瑞士球上，将双肩平放在地上，将双手置于你的膝盖或大腿上。

正确做法
缓慢、有控制地向后倒，在肌肉紧缩时呼气

避免
使球横向移动

❷ 将你的双臂向前伸出，然后身体缓慢向后，向球的方向靠，同时脚向前移，使球沿着你的脊柱向上滚。

级别
- 中级

时间
- 30秒完成整个动作

益处
- 增加脊柱伸展性，拉伸上背部和腹肌

限制
- 有下背部问题的人应该避免做这个练习

❸ 将你的双脚向前移，使球继续沿着脊柱向上滚，同时，将你的双臂举过头顶。

❹ 上身后仰，双臂稍稍弯曲，直到你的双手碰到地面，后脑顶住球。保持这个动作5秒，结束时呼气。

❺ 放松，将你的头从球上抬起，然后双脚缓慢后移至，回到开始姿势。

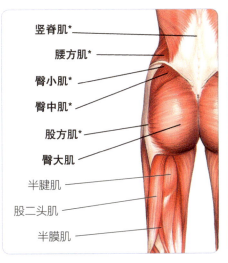

竖脊肌*
腰方肌*
臀小肌*
臀中肌*
股方肌*
臀大肌
半腱肌
股二头肌
半膜肌

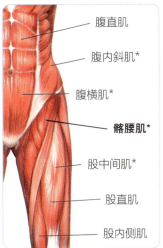

腹直肌
腹内斜肌*
腹横肌*
髂腰肌*
股中间肌*
股直肌
股内侧肌

目标区域

主要强调锻炼整个身体核心

解析关键

黑色字体代表目标肌肉
灰色字体代表其他工作的肌肉
*代表深层肌肉

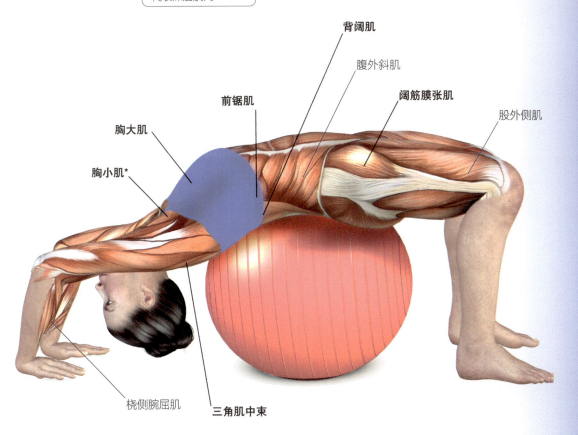

背阔肌
腹外斜肌
前锯肌
阔筋膜张肌
股外侧肌
胸大肌
胸小肌*
桡侧腕屈肌
三角肌中束

桥型支撑

❶ 仰卧，双腿弯曲，将双脚平放在地面上，双臂伸直，放在地面上，平行于你的身体。

正确做法
脚后跟向下推，不是脚趾

避免
完成姿势时过度伸展使你的腹肌高于你的大腿

级别

• 初学者

时间

• 90秒完成整个练习

益处

• 增减臀部肌肉和腘绳肌的力量

限制

• 有下背部问题的人应该避免做这个练习

❷ 双脚脚后跟向下推，同时抬起你的骨盆，直到躯干和你的大腿成一条直线。保持这个姿势30秒，然后降低你的身体。重复完成这个动作3次。

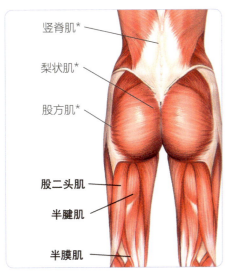

竖脊肌*
梨状肌*
股方肌*
股二头肌
半腱肌
半膜肌

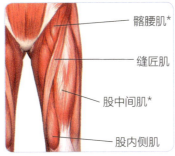

髂腰肌*
缝匠肌
股中间肌*
股内侧肌

目标区域

主要锻炼臀部和腘绳肌

解析关键

黑色字体代表目标肌肉
灰色字体代表其他工作的肌肉
*代表深层肌肉

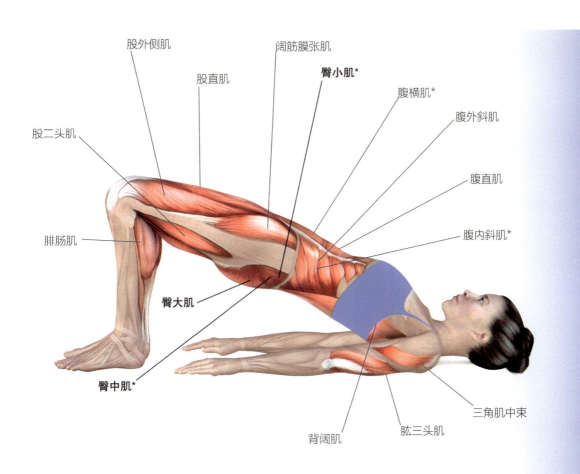

股外侧肌
股直肌
阔筋膜张肌
臀小肌*
腹横肌*
腹外斜肌
腹直肌
股二头肌
腹内斜肌*
腓肠肌
臀大肌
臀中肌*
三角肌中束
背阔肌
肱三头肌

单腿臀部推起成桥

正确做法	避免
保持上背部压紧地面	过度拉伸或拉紧你的膝盖

❶ 仰卧，双腿弯曲，将你的双脚平放在地面上，使双臂伸直放在身体两侧。

级别

• 中级

时间

• 2分钟完成这个练习

益处

• 增加臀部和腘绳肌的力量

限制

• 有下背部问题的人应该避免做这个练习

❷ 将左脚从地面抬起，保持你的膝盖弯曲成90度，直到大腿和躯干垂直。

❸ 将你的右脚脚后跟向地面推，同时抬起骨盆，直到躯干和大腿平行。保持这个姿势30秒，重复这个动作，然后换另一条腿重复以上动作。

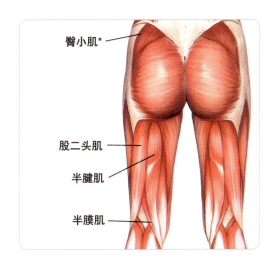

臀小肌*

股二头肌

半腱肌

半膜肌

目标区域

主要强调锻炼臀部和腘绳肌

解析关键

黑色字体代表目标肌肉
灰色字体代表其他工作的肌肉
*代表深层肌肉

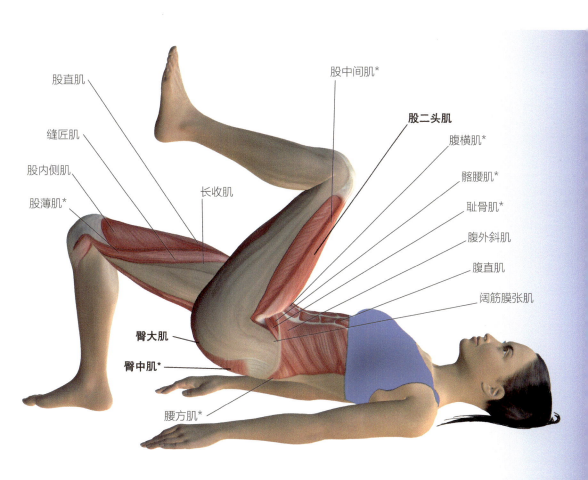

股直肌

缝匠肌

股内侧肌

股薄肌*

长收肌

股中间肌*

股二头肌

腹横肌*

髂腰肌*

耻骨肌*

腹外斜肌

腹直肌

阔筋膜张肌

臀大肌

臀中肌*

腰方肌*

俯卧撑底部支撑

静态练习

正确做法
保持你的胸部
和腹部肌肉的
活动性

避免
避免撑起过
高，这样做可
能导致工作肌
肉过度紧张而
受损

❶ 开始时面部朝下，使用你的脚趾和手掌支
撑身体。双手要相互平行，分开比肩略
宽，好像即将做一个俯卧撑。

❷ 抬起你的膝盖和胸部，然后伸展你的
双腿，保持这个俯卧撑底部支持姿势
30秒（逐渐增加到120秒）。

级别

• 高级

时间

• 2分钟完成整
个练习

益处

• 增加支撑自身
身体重量的
能力

限制

• 有下背部问题
的人应该避免
做这个练习

变化练习

• 简化俯卧撑底
部支撑练习，
可以用你的膝
盖撑在地上

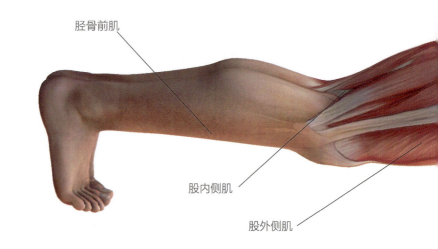

胫骨前肌

股内侧肌

股外侧肌

俯卧撑底部支撑·静态练习

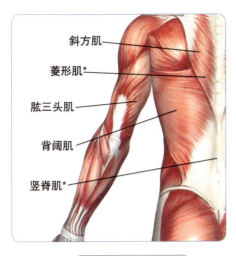

斜方肌
菱形肌*
肱三头肌
背阔肌
竖脊肌*

目标区域

主要强调锻炼胸部肌肉、三角肌前束、上背部、三头肌和身体核心

解析关键

黑色字体代表目标肌肉
灰色字体代表其他工作的肌肉
*代表深层肌肉

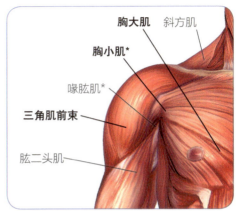

胸大肌   斜方肌
胸小肌*
喙肱肌*
三角肌前束
肱二头肌

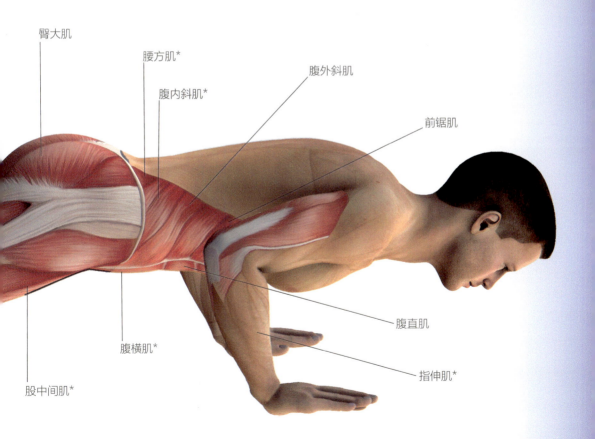

臀大肌
腰方肌*
腹内斜肌*
腹外斜肌
前锯肌
腹直肌
腹横肌*
指伸肌*
股中间肌*

61

单腿平衡

静态
练习

❶ 双手叉腰站立，抬起右腿，膝盖弯曲成90度，置于身前。保持这个姿势15秒。

正确做法
在整个练习中保持身体姿势竖直

避免
将双手从腰部拿开

❷ 向前伸出并下压你的右腿，但是不接触地面，保持这个姿势15秒。

❸ 最后向右侧方伸出并下压你的右腿，还是不接触地面，保持这个姿势15秒。完成整个动作流程3次然后换另一条腿重复以上动作。

级别
• 中级

时间
• 5分钟完成整个练习

益处
• 加强腿部、身体核心力量，增加身体稳定性

限制
• 有下背部问题的人应该避免做这个练习

变化练习
• 增加这个练习的难度，可以在每个步骤之间用脚后跟轻敲地面

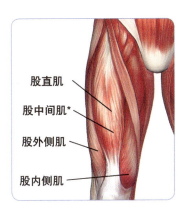

股直肌
股中间肌*
股外侧肌
股内侧肌

目标区域

主要强调锻炼整个身体核心和股四头肌及腘绳肌

解析关键

黑色字体代表目标肌肉
灰色字体代表其他工作的肌肉
*代表深层肌肉

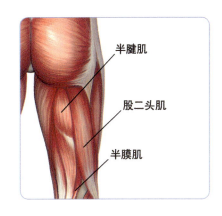

半腱肌
股二头肌
半膜肌

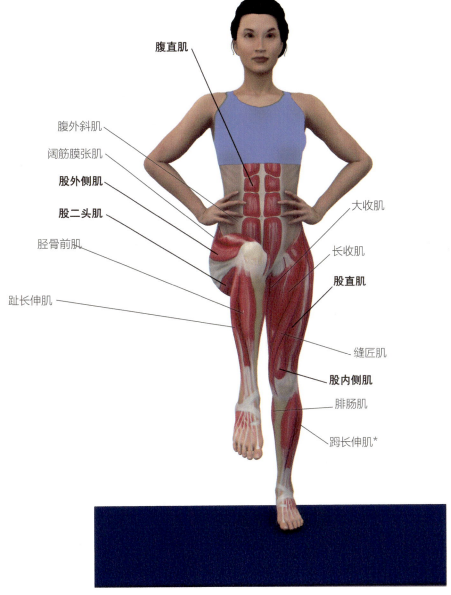

腹直肌

腹外斜肌
阔筋膜张肌
股外侧肌
股二头肌
胫骨前肌
趾长伸肌

大收肌
长收肌
股直肌
缝匠肌
股内侧肌
腓肠肌
姆长伸肌*

高弓步

❶ 开始采用站姿，将右脚向前跨出，同时将双手放在地面上，分别置于右脚的两侧。

正确做法
在这个练习中保持你的背部平直，帮助保持脊柱伸长

避免
使你的后撤腿的膝盖接触地面

❷ 左腿后撤一大步，这样你的左腿就和身体形成一条直线。保持后撤脚脚掌接触地面。右脚脚后跟用力推出，缩紧你的大腿肌肉，保持这个动作30秒（逐步增加到1分钟）。

级别
- 中级

时间
- 1分钟完成整个练习

益处
- 帮助增强腹部和腿部力量

限制
- 有髋部伤病的人应该避免做这个练习

❸ 将左腿撤回和你的右腿成一条直线，然后你的右腿向后跨出，重复这个练习。

腓肠肌

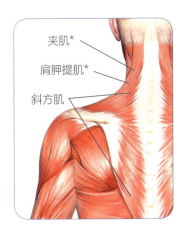

夹肌*
肩胛提肌*
斜方肌

目标区域

主要强调锻炼整个
身体核心、臀部肌
肉、四头肌、腘绳
肌和小腿

解析关键

黑色字体代表目标肌肉
灰色字体代表其他工作
的肌肉
*代表深层肌肉

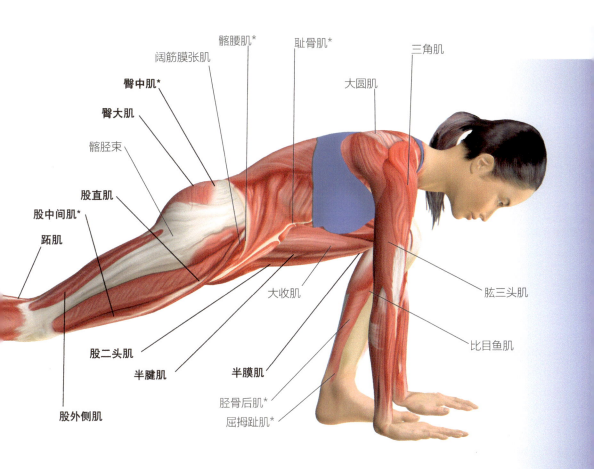

髂腰肌*
耻骨肌*
三角肌
阔筋膜张肌
大圆肌
臀中肌*
臀大肌
髂胫束
股直肌
股中间肌*
跖肌
肱三头肌
大收肌
比目鱼肌
股二头肌
半腱肌
半膜肌
胫骨后肌*
屈拇趾肌*
股外侧肌

反向腘绳肌提拉

❶ 开始采用站姿，双脚与肩同宽，双腿微曲，双手举过头顶。

正确做法
在整个练习中保持背部平直

避免
使脚接触地面

级别
- 高级

时间
- 1分钟完成整个练习

益处
- 帮助稳定整个身体

限制
- 有下背部问题的人应该避免做这个练习

变化练习
- 简化这个练习，可以在身体前方握住一根平衡柱

❷ 腰部向前弯曲，同时将双臂向两侧伸出平衡你的身体，将左腿向身后抬起，直到你的身体和腿大致和地面平行。保持这个姿势15秒，然后重复完成以上动作。

❸ 回到站姿，换另一条腿重复以上动作，然后重复步骤2。

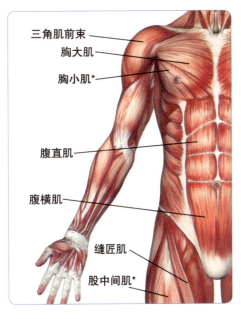

三角肌前束
胸大肌
胸小肌*
腹直肌
腹横肌
缝匠肌
股中间肌*

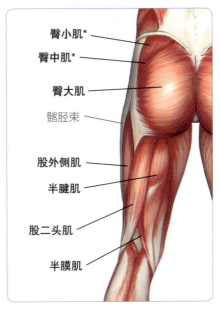

臀小肌*
臀中肌*
臀大肌
髂胫束
股外侧肌
半腱肌
股二头肌
半膜肌

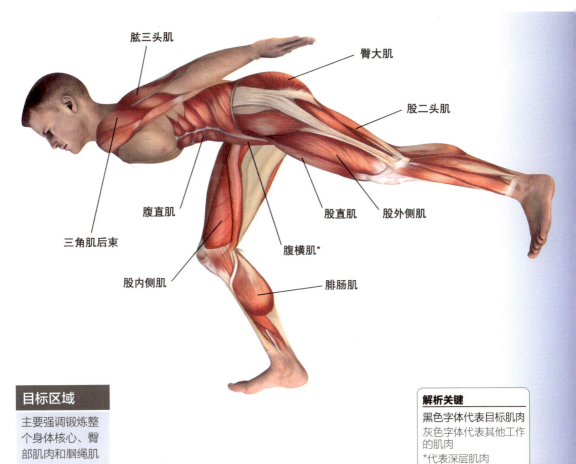

肱三头肌
臀大肌
股二头肌
腹直肌
股直肌
股外侧肌
三角肌后束
腹横肌*
股内侧肌
腓肠肌

目标区域

主要强调锻炼整个身体核心、臀部肌肉和腘绳肌

解析关键

黑色字体代表目标肌肉
灰色字体代表其他工作的肌肉
*代表深层肌肉

静态相扑深蹲

① 竖直站立，使双脚分开比肩宽。

正确做法
保持一个中性脊椎姿势

避免
使双膝超出你的双脚

级别
- 初学者

时间
- 1分钟完成整个练习

益处
- 帮助保持腿部柔韧性和强壮

限制
- 有下背部问题或膝盖问题的人应该避免做这个练习

② 下降身体呈深蹲姿势，将双手置于你的大腿内侧。保持这个姿势30秒，然后重复这个动作。

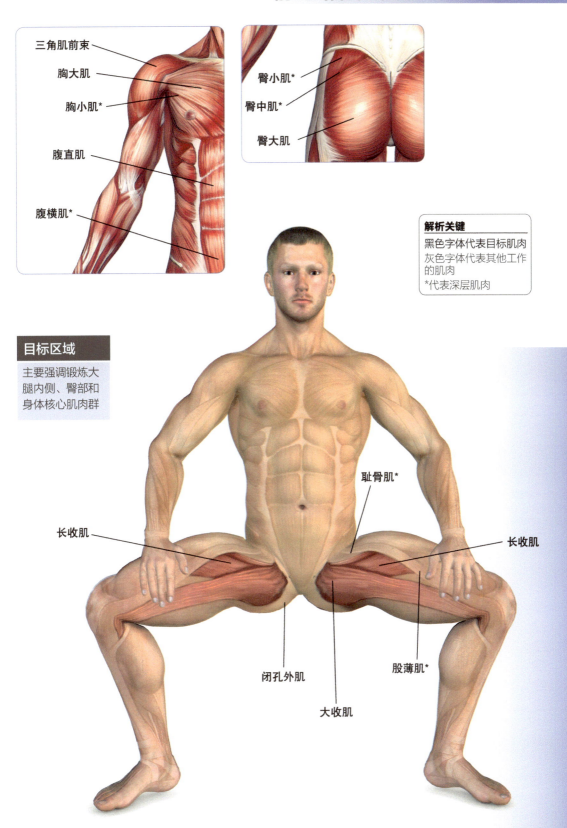

三角肌前束
胸大肌
胸小肌*
腹直肌
腹横肌*

臀小肌*
臀中肌*
臀大肌

解析关键
黑色字体代表目标肌肉
灰色字体代表其他工作
的肌肉
*代表深层肌肉

目标区域
主要强调锻炼大
腿内侧、臀部和
身体核心肌肉群

耻骨肌*
长收肌
长收肌
闭孔外肌
股薄肌*
大收肌

侧向滚动

静
态
练
习

正确做法	避免
保持你的背部 支撑牢固	使髋部下降

❶ 仰卧在一个瑞士球
上，使上背部紧靠在
球上。保持双脚平放
在地上，双脚分开与
肩同宽，使你的髋部
抬起，双臂向身体两
侧伸展。

级别

• 中级

时间

• 4分钟完成整
个练习

益处

• 帮助稳定躯干

限制

• 患有慢性下背
部疼痛的人做
这个练习时应
该谨慎

❷ 双脚小步移动，将球向侧面
滚动。然后再向相反的方向
滚回。分3组完成，每组向每
个方向移动10步。

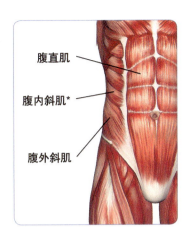

腹直肌

腹内斜肌*

腹外斜肌

目标区域
主要强调锻炼腹直肌和腹斜肌。

解析关键
黑色字体代表目标肌肉
灰色字体代表其他工作的肌肉
*代表深层肌肉

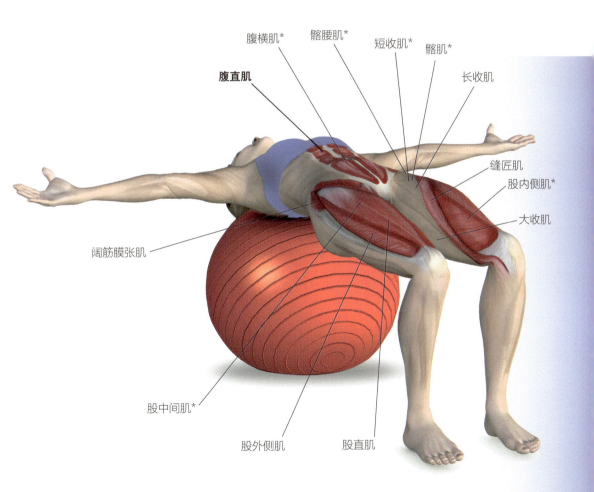

腹横肌*　髂腰肌*　短收肌*　髂肌*

腹直肌　长收肌

缝匠肌

股内侧肌*

大收肌

阔筋膜张肌

股中间肌*

股外侧肌　股直肌

瑞士球腹背拉伸

❶ 俯卧在一个瑞士球上，使你的腹肌盖住球的大部分，双手扶地。

正确做法
在这个练习中在恢复（下降）和用力（上升）两个部分都完成完整幅度的动作

避免
在动作最高的部分过度紧绷或者过度拉伸你的背部

❷ 伸开双腿，用脚尖支撑地面稳定身体。双手十指交叉置于颈后。

级别

- 中级

时间

- 30秒完成整个练习

益处

- 增加下背部和臀部肌肉力量

限制

- 做过手术以及背部问题的人应该避免做这个练习

变化练习

- 初学者在做这个练习时可以使你的双脚支撑在墙上得到额外的稳定性

❸ 抬起躯干，使躯干和你的下半身成一条直线。

❹ 缩紧臀部肌肉，保持这个姿势10秒钟。重复完成这个动作3次。

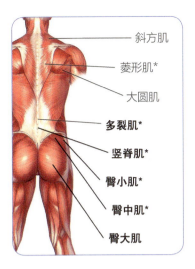

斜方肌
菱形肌*
大圆肌
多裂肌*
竖脊肌*
臀小肌*
臀中肌*
臀大肌

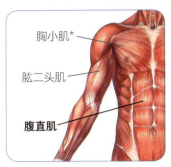

胸小肌*
肱二头肌
腹直肌

解析关键

黑色字体代表目标肌肉
灰色字体代表其他工作
的肌肉
*代表深层肌肉

目标区域

主要强调锻炼臀
部肌肉、竖脊肌
和腹直肌。

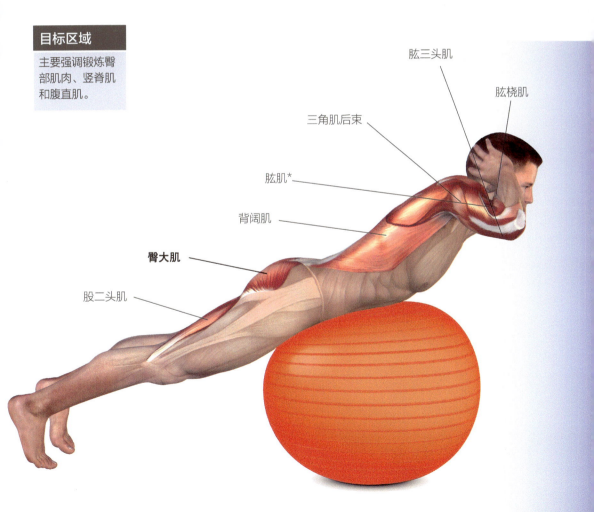

肱三头肌
肱桡肌
三角肌后束
肱肌*
背阔肌
臀大肌
股二头肌

扭转背部拉伸

正确做法
整个练习中保持髋部摆正。

避免
在动作的保持阶段使肌肉过度紧绷或者过度拉伸背部

❶ 俯卧在一个瑞士球上，使腹肌盖住大部分球。伸开你的双腿，双脚用脚尖支撑地面稳定身体。双手十指交叉置于颈后，使你的手指相互扣住。

❷ 抬起你的躯干，使躯干和下半身呈一条直线。同时使你的躯干向右侧扭转。

级别
• 高级

时间
• 1分钟完成整个练习

益处
• 加强下背部和腹斜肌力量

限制
• 有颈部或下背部疼痛的人应该避免做这个练习

❸ 把身体转过来，缩紧臀部肌肉，保持这个姿势10秒。重复完成整个动作，每侧3次。

目标区域

主要强调锻炼竖脊肌和腹斜肌

解析关键

黑色字体代表目标肌肉
灰色字体代表其他工作的肌肉
*代表深层肌肉

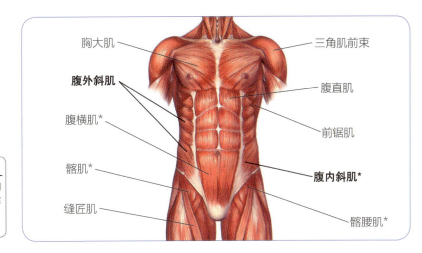

胸大肌
三角肌前束
腹外斜肌
腹直肌
腹横肌*
前锯肌
髂肌*
腹内斜肌*
缝匠肌
髂腰肌*

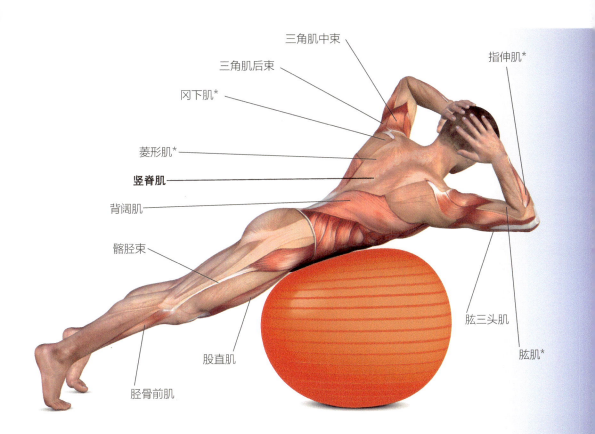

三角肌中束
指伸肌*
三角肌后束
冈下肌*
菱形肌*
竖脊肌
背阔肌
髂胫束
股直肌
胫骨前肌
肱三头肌
肱肌*

侧卧髋部外展

❶ 左侧卧，使双腿伸展，一只脚叠放在另一只脚的上方。将你的右臂置于你的右侧髋部上方，用左臂支撑头部。

级别

- 初学者

时间

- 2分钟完成整个练习

益处

- 改善臀部和髋部肌肉力量

限制

- 有下背部问题的人应该避免做这个练习

解析关键

黑色字体代表目标肌肉
灰色字体代表其他工作的肌肉
*代表深层肌肉

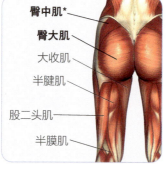

臀中肌*
臀大肌
大收肌
半腱肌
股二头肌
半膜肌

正确做法
保持你的身体成一条直线

避免
过高地抬起你的腿

目标区域
主要强调锻炼臀部和髋部肌肉，身体核心肌肉起次要辅助作用

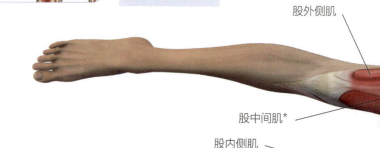

股外侧肌
股中间肌*
股内侧肌

❷ 抬起你的腿，直到这个动作作用于身体核心肌肉。保持这个姿势30秒，放下腿，然后重复这个动作。换另一侧重复以上动作。

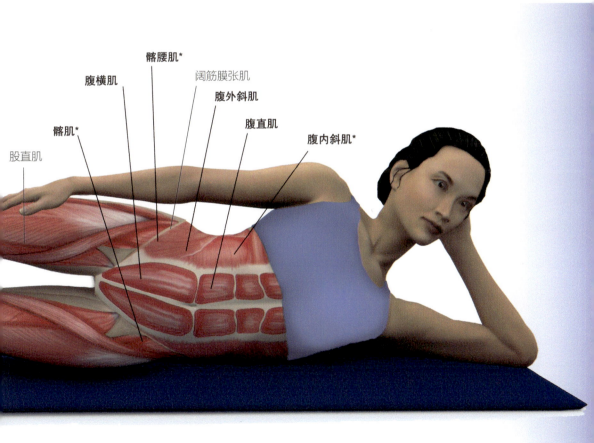

腹横肌

髂腰肌*

阔筋膜张肌

腹外斜肌

腹直肌

髂肌*

腹内斜肌*

股直肌

小步

正确做法
在这个练习中保持腹部肌肉拉紧

避免
移动你的髋部

级别

- 初学者

时间

- 2分钟完成整个练习

益处

- 增加下腹部稳定性，帮助保护下背部

限制

- 有下背部问题的人应该避免做这个练习

❶ 开始采用仰卧姿势，是双膝弯曲，脚尖点地。将你的双手放在髋骨上，然后向胸部方向抬起你的左膝，同时保持腹部收紧。

❷ 向地面放下左腿，同时保持你的腹部肌肉绷紧，保持这个姿势10秒。

❸ 换另一条腿重复以上动作，重复这个动作，每条腿6次。

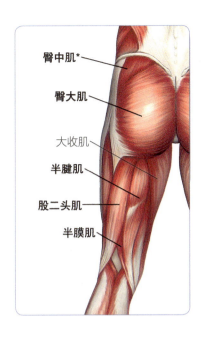

- 臀中肌*
- 臀大肌
- 大收肌
- 半腱肌
- 股二头肌
- 半膜肌

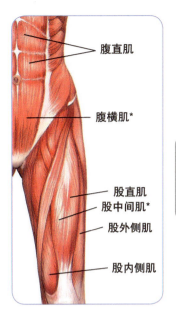

- 腹直肌
- 腹横肌*
- 股直肌
- 股中间肌*
- 股外侧肌
- 股内侧肌

目标区域

主要强调锻炼下腹部肌肉、臀部肌肉，四头肌和腘绳肌

解析关键

黑色字体代表目标肌肉
灰色字体代表其他工作的肌肉
*代表深层肌肉

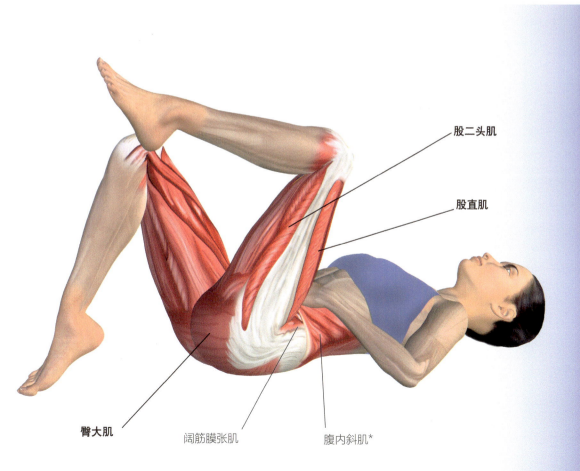

- 股二头肌
- 股直肌
- 臀大肌
- 阔筋膜张肌
- 腹内斜肌*

双腿腹部推

静态练习

正确做法
保持双脚勾起，你的双膝紧贴在一起

避免
在这个练习中屏住呼吸

❶ 仰卧，抬起双腿，弯曲成90度角，将双手放在双膝上。

级别
- 初学者

时间
- 5分钟完成这个练习

益处
- 加强身体核心、髋部屈肌和三头肌的力量

限制
- 有下背部问题的人应该避免做这个练习

变化练习
- 初学者可以将双脚抵住一个坚硬的平面以获得额外的支撑

❷ 保持你的双脚勾起，做一个腹部提拉姿势，将双肩和头部抬离地面，用双手推你的双膝，同时用双膝抵住你的双手形成阻力。保持这个姿势60秒。重复做5次这个练习。

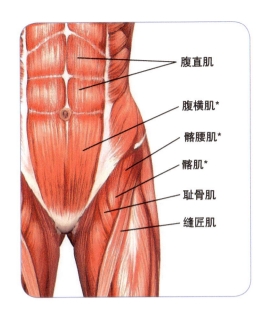

腹直肌

腹横肌*

髂腰肌*

髂肌*

耻骨肌

缝匠肌

目标区域

主要强调锻炼身体核心、髋部屈肌和下背部。

解析关键

黑色字体代表目标肌肉
灰色字体代表其他工作的肌肉
*代表深层肌肉

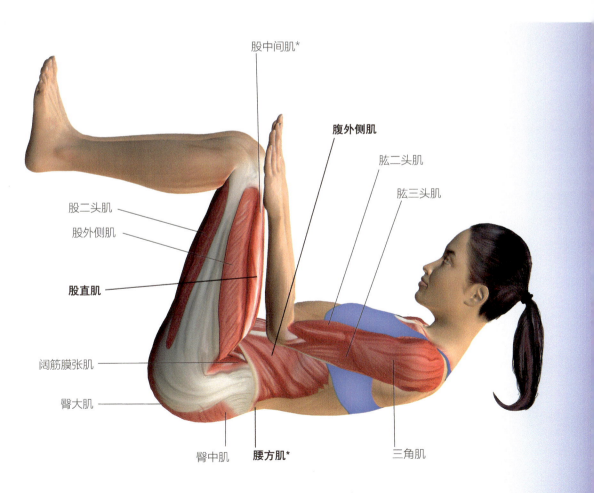

股中间肌*

腹外侧肌

肱二头肌

肱三头肌

股二头肌

股外侧肌

股直肌

阔筋膜张肌

臀大肌

臀中肌

腰方肌*

三角肌

动态练习

　　动态练习是一种关节和肌肉运动的练习，对腹部肌肉和稳定性肌肉有锻炼作用。

练习效果也作用于腰椎。动态练习包括：游泳、步行、越野、滑雪、骑自行车、力量

训练、甚至家务劳动等。这些形式的练习依靠各种动作，包括非作用（拉伸）部分的

运动和作用（紧缩）部分的运动。比如，在深蹲运动中，向下运动的部分是非作用，

爆发性的向上运动是作用部分。

瑞士球外推

① 跪在一个瑞士球前，将双手放在球上，高度大致与髋部齐平。

正确做法
在整个动作中保持身体伸长

避免
从脚部弹开

级别
- 中级

时间
- 3分钟完成整个练习

益处
- 有益于身体支撑和掌握自身的身体重量

限制
- 孕妇和手术后下背部问题的人避免做这个练习

② 开始缓慢将球向外滚，在做这个动作的同时伸展你的身体。

❸ 继续向前滚动直到身体完全伸展开，同时保持你的背部平直，膝盖作为支点保持不动。然后使用你的腹肌和下背部肌肉，将球向回滚，回到开始位置。每组重复这个动作15次，完成3组。

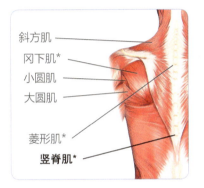

斜方肌
冈下肌*
小圆肌
大圆肌
菱形肌*
竖脊肌*

目标区域

主要强调锻炼腹肌和下背部肌肉。

解析关键

黑色字体代表目标肌肉
灰色字体代表其他工作的肌肉
*代表深层肌肉

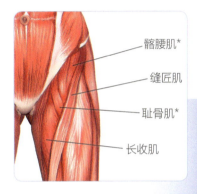

髂腰肌*
缝匠肌
耻骨肌*
长收肌

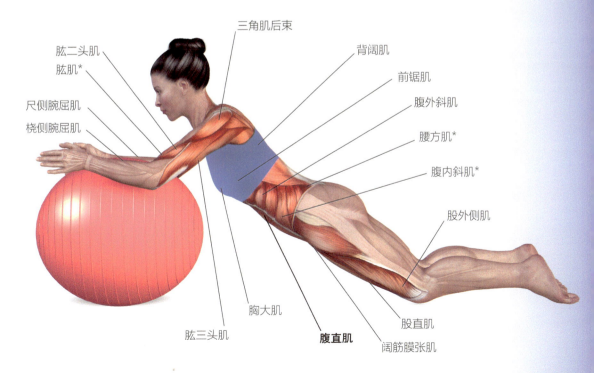

三角肌后束
肱二头肌
肱肌*
尺侧腕屈肌
桡侧腕屈肌
背阔肌
前锯肌
腹外斜肌
腰方肌*
腹内斜肌*
股外侧肌
胸大肌
肱三头肌
腹直肌
股直肌
阔筋膜张肌

瑞士球折叠

❶ 用四肢支撑你的身体，双手分开与肩同宽，然后抬起左腿，置于瑞士球顶。

正确做法
确保用身体核心起到支撑作用

避免
使你的背部成拱形

❷ 用右腿做同样的动作，这样就形成了一个俯卧撑姿势，将你的小腿置于瑞士球上。

级别
• 高级

时间
• 2分钟完成整个动作

益处
• 帮助稳定躯干

限制
• 患有慢性下背部疼痛的人在做这个练习时应该谨慎

❸ 弯曲膝盖，将球向胸部滚。

❹ 将膝盖尽可能向你的胸部方向回收，然后向后伸展你的双腿，回到开始姿势。重复完成这个动作20次。

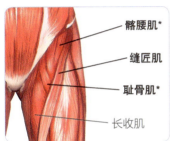

髂腰肌*

缝匠肌

耻骨肌*

长收肌

目标区域

主要强调锻炼髋部屈肌、腹直肌和竖脊肌。

解析关键

黑色字体代表目标肌肉
灰色字体代表其他工作的肌肉
*代表深层肌肉

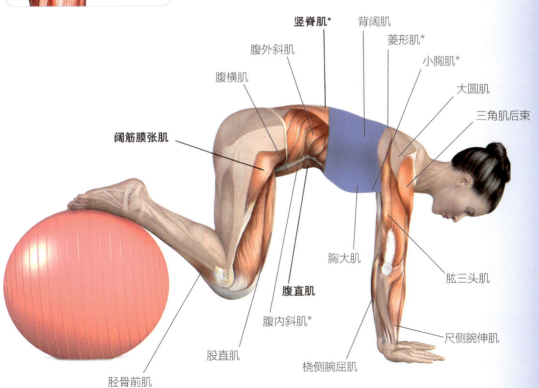

竖脊肌*　　背阔肌

腹外斜肌　　　　菱形肌*

腹横肌　　　　　　　小胸肌*

阔筋膜张肌　　　　　大圆肌

　　　　　　　　　三角肌后束

胸大肌

肱三头肌

腹直肌

腹内斜肌*

股直肌　　尺侧腕伸肌

胫骨前肌　　桡侧腕屈肌

87

瑞士球腰部横向扭转

① 仰卧,将你的双臂向身体两侧伸展。将双腿置于一个瑞士球上,使臀部贴近瑞士球。

正确做法
保持动作尽可能平稳

避免
过度摆动你的双腿

级别
- 中级

时间
- 3分钟完成整个练习

益处
- 有益于加强腹部肌肉的力量和结实程度,改善身体核心稳定性

限制
- 有下背部问题的人应该避免做这个练习

② 使用你的腹部肌肉作为支撑,将双腿向身体一侧放下,在保持双肩不离开地面的同时,使双腿尽可能靠近地面。

88

❸ 回到开始姿势，然后向另一侧转动。逐渐增加完成训练的次数，到直到可以向每个方向重复转动20次。

目标区域

主要强调锻炼腹部肌肉和下背部肌肉

解析关键

黑色字体代表目标肌肉
灰色字体代表其他工作的肌肉
*代表深层肌肉

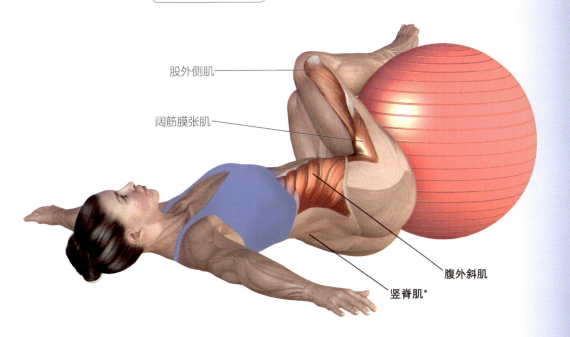

股外侧肌

阔筋膜张肌

腹外斜肌

竖脊肌*

瑞士球走步

❶ 开始采用一个俯卧撑姿势，将
一个瑞士球放在你的小腿下方。

级别

• 高级

时间

• 3分钟完成整
  个练习

益处

• 帮助保持上
  半身的稳定
  性，保持爬
  行的连续性

限制

• 有肩部问题
  的人应该避
  免做这个
  练习

❷ 每次抬起一只手向右爬行，身体随之转动，直到
身体完成半周的旋转。然后用手向左爬行，回到
开始姿势。向每个方向完成三个半周旋转。

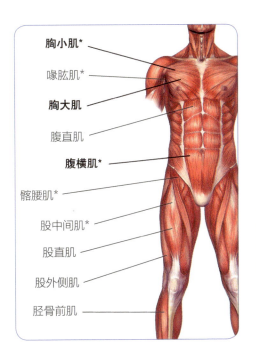

胸小肌*
喙肱肌*
胸大肌
腹直肌
腹横肌*
髂腰肌*
股中间肌*
股直肌
股外侧肌
胫骨前肌

目标区域

主要强调锻炼胸部
肌肉、上背部、三
角肌、三头肌和身
体核心肌肉。

解析关键

黑色字体代表目标肌肉
灰色字体代表其他工作
的肌肉
*代表深层肌肉

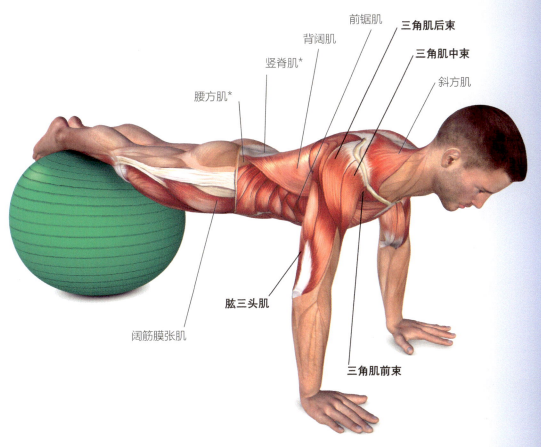

前锯肌　　三角肌后束
背阔肌　　三角肌中束
竖脊肌*　　斜方肌
腰方肌*
肱三头肌
阔筋膜张肌
三角肌前束

俯卧撑

动态
练习

❶ 采用俯卧姿势，面部向下，用双手撑住地面，双手分开与肩同宽，双臂完全伸直，伸出双腿，用你的脚趾平衡身体。

❷ 弯曲双臂，直到你的胸部贴近地面，然后推回完全伸展的姿势。每组重复这个动作10次，完成3组。

级别

• 中级

时间

• 3分钟完成整个动作

益处

• 有益于保持上半身强壮、稳定

限制

• 有肩部或者下背部问题的人应该避免这个练习

正确做法
保持胸部在双手正上方

避免
使背部成拱形

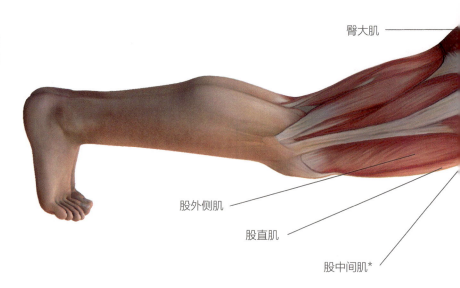

臀大肌

股外侧肌

股直肌

股中间肌*

92

变化练习

简化这个练习可以用你的双膝支撑地面。

目标区域

主要强调锻炼胸部肌肉、三角肌前束、上背部肌肉、三头肌和身体核心肌肉群。

解析关键

黑色字体代表目标肌肉
灰色字体代表其他工作的肌肉
*代表深层肌肉

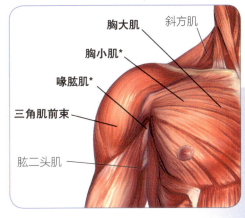

胸大肌
斜方肌
胸小肌*
喙肱肌*
三角肌前束
肱二头肌

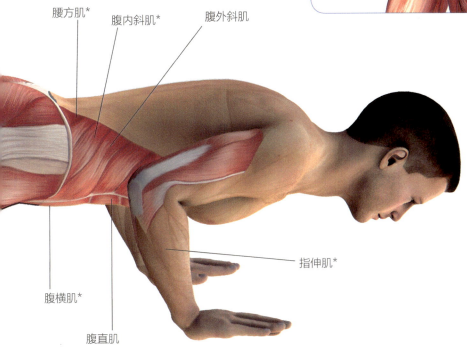

腰方肌*
腹内斜肌*
腹外斜肌
指伸肌*
腹横肌*
腹直肌

俯卧撑手部运动

❶ 开始采用一个撑起的俯卧撑姿势，使双手手掌向下，大拇指互相接触，放在一个稳定的实心砖块上。

正确做法
不要将你的胸部降至砖块以下

避免
在重复动作中过度利用反弹力

级别
- 高级

时间
- 2分钟完成整个练习

益处
- 保持上半身稳定性、灵活性，肌肉运动协调一致

限制
- 有肩部问题的人应该避免做这个练习

变化练习
- 改变这个练习的动作，可以用一只手完成全部动作，然后换手

❷ 将左手从砖块上移下，使左手砖块左侧支撑你的身体，在感到舒适的范围内，尽可能远离砖块。像做一般的俯卧撑一样，降低你的身体。

❸ 在向上推起的同时，将你的左臂移回
砖块上，然后将右手向右侧伸出，在
地面支撑你的身体。继续向两个方向
来回移动，直到完成30次推起动作。

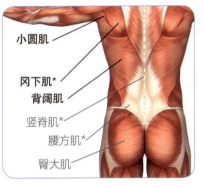

小圆肌

冈下肌*
背阔肌
竖脊肌*
腰方肌*
臀大肌

目标区域

主要强调锻炼胸部
肌肉、上背部、前
肩部、三头肌。

解析关键

黑色字体代表目标肌肉
灰色字体代表其他工作
的肌肉
*代表深层肌肉

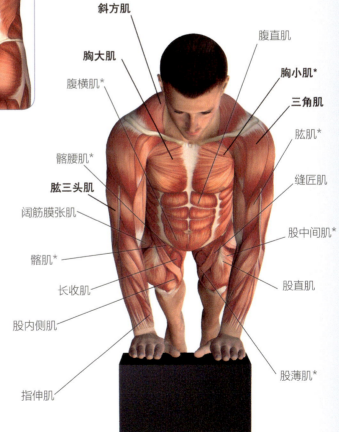

斜方肌

腹直肌

胸大肌

胸小肌*

腹横肌*

三角肌

髂腰肌*

肱肌*

肱三头肌

缝匠肌

阔筋膜张肌

股中间肌*

髂肌*

股直肌

长收肌

股内侧肌

股薄肌*

指伸肌

椅子骤降

❶ 站在一把比较沉的椅子前，背对椅子（就像你要坐下一样）。双膝弯曲，双手向后够，按住椅子前面的边缘，双脚向前移，直到你的双膝的位置处于脚后跟正上方。

正确做法
在整个练习中保持你的脊柱处于中性位置

避免
过度使用的双肩

级别

- 中级

时间

- 3分钟完成整个练习

益处

- 帮助增加肩膀韧带力量，在身体运动中稳定躯干

限制

- 有肩部或腰部疼痛的人应该避免这个练习

❷ 肘部弯曲，缓慢地使身体下降，直到你的上臂和你的前臂成90度角。

❸ 将你的身体推起，直到双臂再次完全伸展。完成3组练习，每组重复10次。

变化练习

使这个练习变得更有挑战性，可以在降下身体时将一条腿从地面抬起。

目标区域

主要强调锻炼三头肌、三角肌、背阔肌、腹直肌和胸部肌肉。

解析关键

黑色字体代表目标肌肉
灰色字体代表其他工作的肌肉
*代表深层肌肉

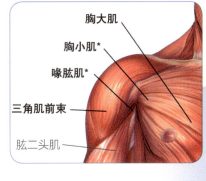

胸大肌
胸小肌*
喙肱肌*
三角肌前束
肱二头肌

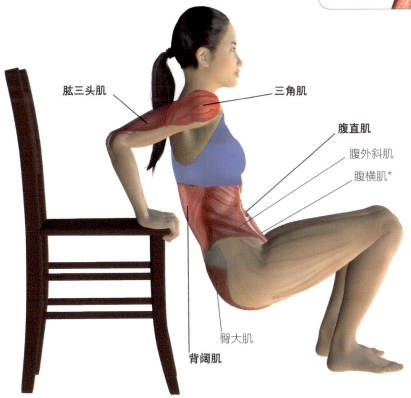

肱三头肌
三角肌
腹直肌
腹外斜肌
腹横肌*
臀大肌
背阔肌

毛巾飞鸟

动
态
练
习

❶ 开始采用一个标准的俯卧撑姿势，正对胸部下方的地面上铺一条毛巾。将双手放在毛巾上，双手分开比肩宽略宽。

正确做法
保持背部平直，臀部抬起

避免
弯曲或拉伸你的肘部

级别
- 高级

时间
- 2分钟完成整个练习

益处
- 帮助保持上半身稳定，强壮，动作协调

限制
- 有肩部问题的人应该避免做这个练习

❷ 保持躯干不动，双手向内侧滑，收拢，然后向外侧滑，回到开始姿势。完成2组，每组重复这个动作15次。

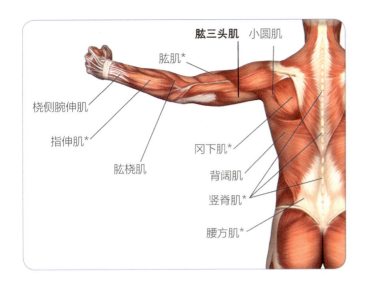

肱三头肌　小圆肌

肱肌*

桡侧腕伸肌

指伸肌*

肱桡肌

冈下肌*

背阔肌

竖脊肌*

腰方肌*

目标区域

主要强调锻炼胸部肌肉、三角肌和三头肌。

解析关键

黑色字体代表目标肌肉

灰色字体代表其他工作的肌肉

*代表深层肌肉

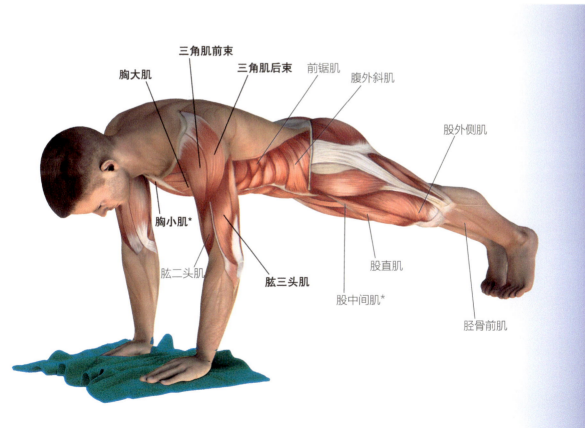

三角肌前束

胸大肌　三角肌后束　前锯肌　腹外斜肌

股外侧肌

胸小肌*

肱二头肌　肱三头肌

股直肌

股中间肌*

胫骨前肌

瑞士球练习实心球上提

正确做法
确保拉伸时动作放松

避免
在头后拉伸时使你的
双臂锁紧

级别
- 中级

时间
- 3分钟完成整
  个练习

益处
- 帮助保持上半
  身稳定和动作
  协调性

限制
- 有肩部问题的
  人应该避免做
  这个练习

❶ 仰卧，使头部和肩部支撑
在一个瑞士球上，双脚平
放在地上，分开与肩同
宽。双手抱住一个实心球
举起至你的胸部上方，使
双臂完全伸展。

❷ 按照需要弯曲双臂，将球送至你的
头后尽可能远的位置，然后在你将
球再次举起的同时，伸长手臂，回
到开始姿势。完成3组，每组重复
这个动作15次。

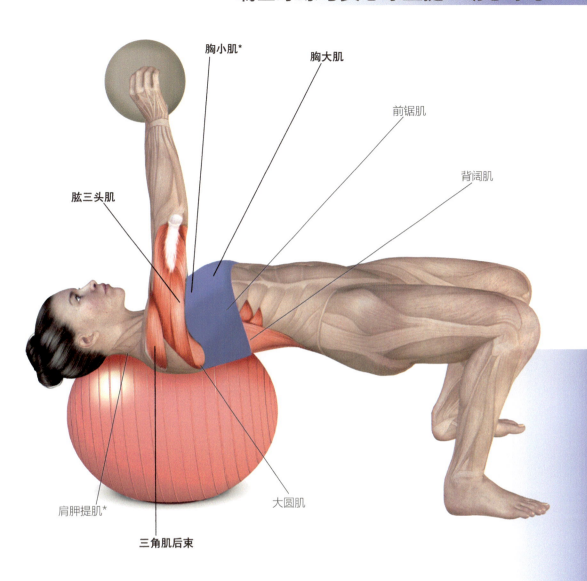

胸小肌*

胸大肌

前锯肌

背阔肌

肱三头肌

大圆肌

肩胛提肌*

三角肌后束

目标区域

主要强调锻炼胸部
肌肉、三角肌和
三头肌

解析关键

黑色字体代表目标肌肉
灰色字体代表其他工作
的肌肉
*代表深层肌肉

瑞士球平板支撑和腿部提升

动态练习

❶ 用四肢支撑你的身体，脚边放一个瑞士球。用双手撑住地面，双臂完全伸直，将左脚放在瑞士球顶上。

正确做法
保持你的腹部肌肉紧致，身体成一条直线

避免
避免撑起过高，这样可能使你的工作肌肉过度紧张而受伤

级别
• 中级至高级

时间
• 2分钟完成整个练习

益处
• 增加支撑你的身体重量的能力

限制
• 孕妇不能长时间做这个练习

变化练习
• 简化这个练习，不需要把双脚抬至瑞士球上

❷ 将右脚也放在球上，完全伸展你的双腿。

❸ 将你的右脚抬离瑞士球，保持平板支撑悬空姿势30秒（逐渐增加至60秒）。然后将右脚放回原来位置，用左脚练习。

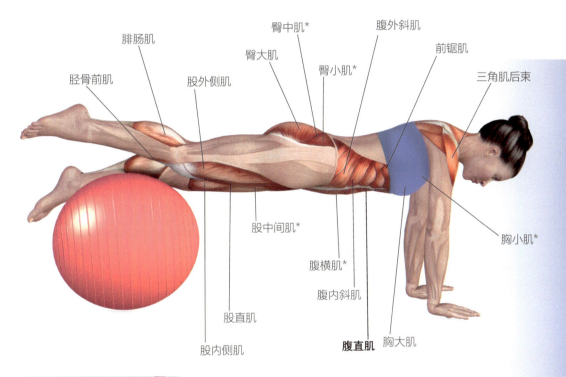

腓肠肌

臀中肌*

腹外斜肌

胫骨前肌

股外侧肌

臀大肌

臀小肌*

前锯肌

三角肌后束

股中间肌*

胸小肌*

腹横肌*

腹内斜肌

股直肌

腹直肌

胸大肌

股内侧肌

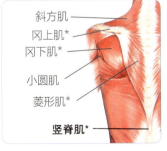

斜方肌

冈上肌*

冈下肌*

小圆肌

菱形肌*

竖脊肌*

目标区域

主要强调锻炼腹直肌和竖脊肌

解析关键

黑色字体代表目标肌肉
灰色字体代表其他工作的肌肉
*代表深层肌肉

身体拉锯

❶ 开始面部朝下用四肢和脚尖支撑身体。

❷ 将身体向前摆，然后向后摆，做3组，每组重复这个动作10次（逐渐增加至20次）。

级别

• 中级

时间

• 3分钟完成整个练习

益处

• 改善身体核心力量和肌肉线条清晰度

限制

• 有下背部问题的人应该避免做这个练习

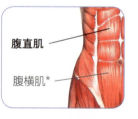

腹直肌

腹横肌*

解析关键

黑色字体代表目标肌肉
灰色字体代表其他工作的肌肉
*代表深层肌肉

目标区域

主要强调锻炼腹直肌和下背部

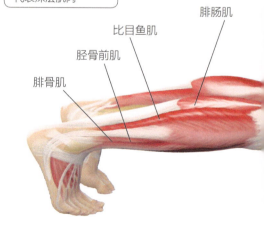

腓肠肌

比目鱼肌

胫骨前肌

腓骨肌

正确做法
保持身体完全伸展并且成一条直线

避免
抬升身体高过和地面平行的位置，从而过度使用的下背部。

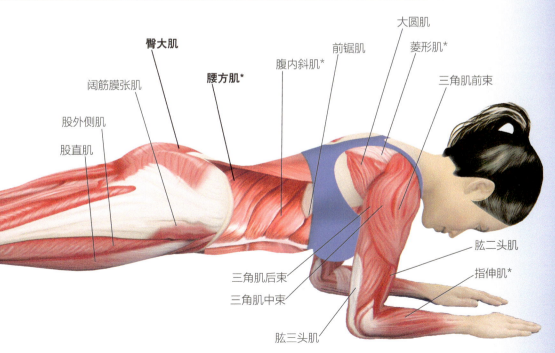

臀大肌

腰方肌*

阔筋膜张肌

股外侧肌

股直肌

大圆肌

菱形肌*

前锯肌

腹内斜肌*

三角肌前束

肱二头肌

指伸肌*

三角肌后束

三角肌中束

肱三头肌

实心球练习

① 站立，抱住一个实心球，向左侧伸直，距离身体一臂的长度，稍微向相同的方向扭转你的躯干。

正确做法
在整个练习中保持你的躯干平直

避免
扭转的时候速度过快

级别
● 中级

时间
● 3分钟完成整个练习

益处
● 改善腹部肌肉的运动范围和紧实程度

限制
● 有下背部问题的人应该避免这个练习

② 有控制地使你的双臂向下摆。

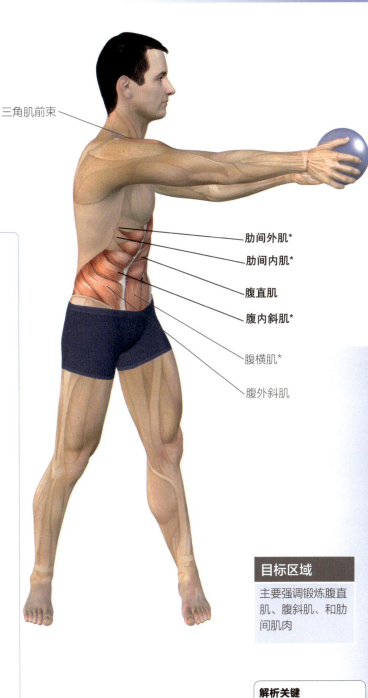

三角肌前束

肋间外肌*

肋间内肌*

腹直肌

腹内斜肌*

腹横肌*

腹外斜肌

目标区域

主要强调锻炼腹直
肌、腹斜肌、和肋
间肌肉

解析关键

黑色字体代表目标肌肉
灰色字体代表其他工作
的肌肉
*代表深层肌肉

❸ 继续抱住球平稳地摆至
身体右侧，到你的头
顶，形成一个连续的360
度的圆周运动。完成30
个圆周，然后向相反的
方向再重复完成30次。

麦克吉尔屈膝两头练习

❶ 仰卧，使你的右腿完全伸展，左腿弯曲。使你的双手掌心向下，置于你的下背部下方。

级别

- 中级

时间

- 2分钟完成这个练习

益处

- 帮助加强腹直肌力量，使脊柱压迫最小化

限制

- 有下背部问题的人应该避免做这个练习

❷ 保持你的腹部肌肉支撑，略微收紧，将你的头和双肩带离地面。保持这个动作数5秒钟。放下，重复这个动作10次，然后换另一条腿重复以上动作。

正确做法
在这个练习中只抬起你的头和上肩部

避免
使你的下背部在地面上成扁平

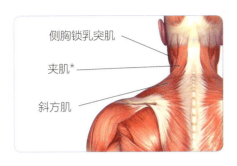

侧胸锁乳突肌

夹肌*

斜方肌

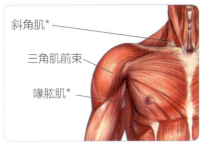

斜角肌*

三角肌前束

喙肱肌*

目标区域

主要强调锻炼腹直肌

解析关键

黑色字体代表目标肌肉
灰色字体代表其他工作的肌肉
*代表深层肌肉

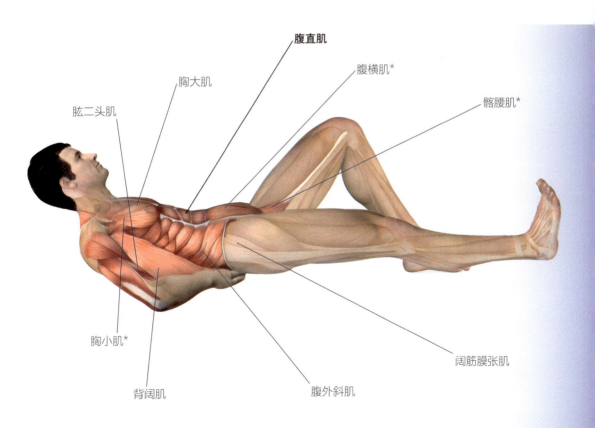

腹直肌

胸大肌

肱二头肌

腹横肌*

髂腰肌*

胸小肌*

背阔肌

腹外斜肌

阔筋膜张肌

髋部绕环

① 坐在一个瑞士球上，双手放在你的髋部，双脚并拢。

正确做法
确保采用支撑的坐姿，使身体核心完全参与到动作中

避免
在这个练习中使用你的双腿

级别
- 中级

时间
- 3分钟完成整个练习

益处
- 改善身体核心稳定性和下背部灵活性

限制
- 有背部疼痛的人应该避免做这个练习

② 保持身体核心支撑，使用你的骨盆逆时针方向做小圈绕环运动。完成10个绕环。

③ 当你做完10个逆时针方向的绕环后，再完成10个顺时针方向的绕环。

目标区域

主要强调锻炼身体核心和髋部

解析关键

黑色字体代表目标肌肉
灰色字体代表其他工作的肌肉
*代表深层肌肉

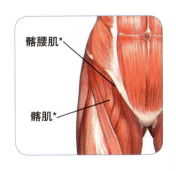

髂腰肌*

髂肌*

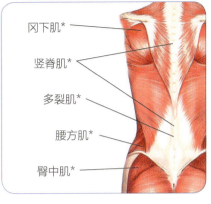

冈下肌*

竖脊肌*

多裂肌*

腰方肌*

臀中肌*

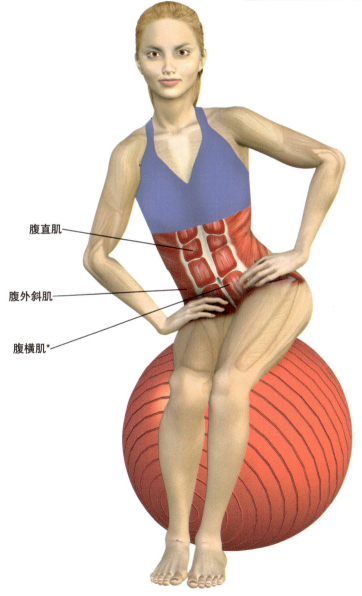

腹直肌

腹外斜肌

腹横肌*

反向桥扭转

① 坐在一个瑞士球上，使双脚与肩同宽放在地上，双手抱住一个实心健身球。

② 双脚缓慢移动，同时使你的身体贴着瑞士球滚动，直到瑞士球支撑住你的下背部。完全伸展双臂，使实心球位于你的胸部上方。

正确做法
在这个练习中保持你的髋部和膝盖成一条直线

避免
在旋转上半身时使你的双肩连线和地面垂直

级别
• 中级

时间
• 3分钟完成整个练习

益处
• 能够改善身体核心力量

限制
• 有下背部疼痛的人应该避免做这个练习

变化练习
• 改变这个练习的动作可以先向一侧重复旋转，然后再换向另一侧

③ 以左肩为支点，向左侧旋转你的上半身。

❹ 缓慢地回到中间位置，然后继续向右侧做这个动作。分3组完成，每边重复15次。

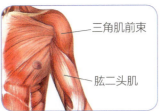

三角肌前束

肱二头肌

目标区域

主要强调锻炼腹直肌和腹斜肌

解析关键

黑色字体代表目标肌肉
灰色字体代表其他工作的肌肉
*代表深层肌肉

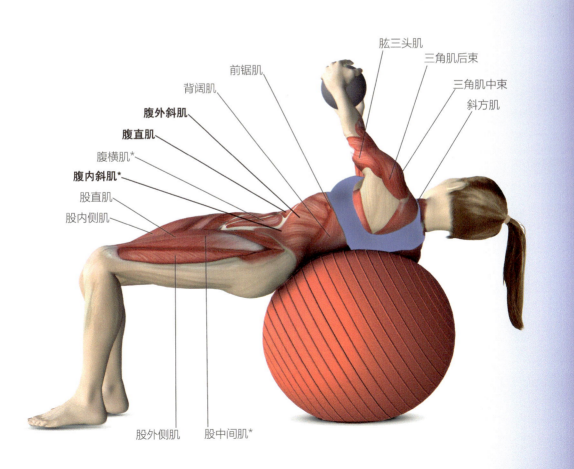

前锯肌

背阔肌

腹外斜肌

腹直肌

腹横肌*

腹内斜肌*

股直肌

股内侧肌

肱三头肌

三角肌后束

三角肌中束

斜方肌

股外侧肌

股中间肌*

平板支撑膝盖拉伸

❶ 开始采用一个标准的平板支撑姿势。

正确做法
在整个练习中身体保持成一条直线

避免
支撑腿膝盖弯曲

❷ 将左膝拉向你的胸部，同时身体向前倾斜，脚部弯曲，你的右脚尖点地支撑右腿。

级别
- 高级

时间
- 2分钟完成整个练习

益处
- 改善身体核心稳定性和灵活性

限制
- 有下背部和腰部疼痛的人应该避免做这个练习

变化练习
- 简化这个练习可以借助墙壁支撑抬起的腿

❸ 从脚后跟伸展右腿，将身体向后摆，使身体重心变换到你的左脚上。

❹ 将头部降低到双臂之间，使左腿向天花板方向抬起并伸直。每条腿重复整个练习10次。

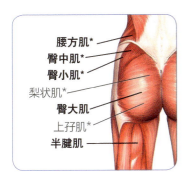

腰方肌*
臀中肌*
臀小肌*
梨状肌*
臀大肌
上孖肌*
半腱肌

目标区域

主要强调锻炼核心肌肉、腘绳肌、臀部肌肉和肩胛区域

解析关键

黑色字体代表目标肌肉
灰色字体代表其他工作的肌肉
*代表深层肌肉

大收肌

股二头肌

长收肌

股外侧肌

阔筋膜张肌

股直肌

腹横肌*

背阔肌

股薄肌*

腹直肌

股内侧肌

大圆肌

三角肌

半膜肌

股中间肌*

缝匠肌

腓肠肌

腹外斜肌

胫骨前肌

胫骨后肌*

比目鱼肌

腓骨肌

腹部髋部提升

① 仰卧，把双臂放在身体两侧，双腿举起，尽可能高，在脚踝处交叉。

正确做法
在这个练习中，保持双腿尽可能伸直

避免
使用冲力，在练习中过度使用下背部

级别

• 中级

时间

• 2分钟完成整个练习

限制

• 有下背部问题的人尽量避免做这个练习

变化练习

• 变化这个练习动作，弯曲双腿以减小腹肌的紧张程度

② 双腿紧紧靠在一起，让臀部活动。用你的三头肌向下推使髋部上提。重复这个动作10次，然后换方向交叉双腿，再重复这个动作10次。

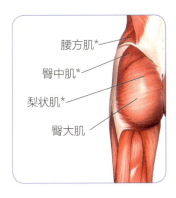

腰方肌*
臀中肌*
梨状肌*
臀大肌

目标区域

强调锻炼腹直肌，
三头肌起辅助作用

解析关键

黑色字体代表目标肌肉
灰色字体代表其他工作
的肌肉
*代表深层肌肉

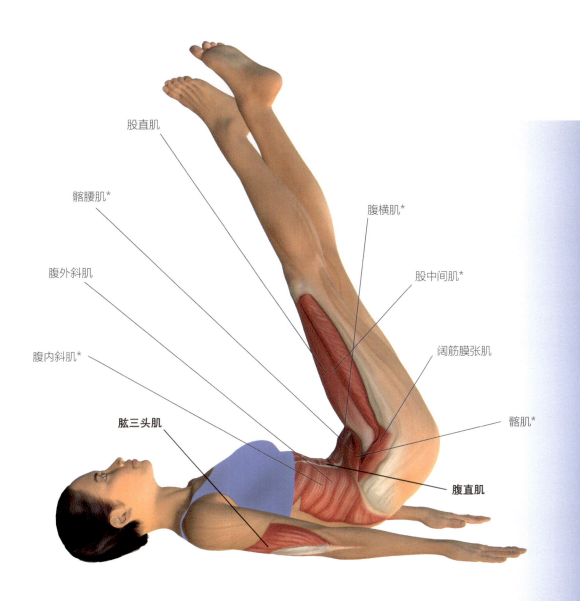

股直肌

髂腰肌*

腹外斜肌

腹内斜肌*

肱三头肌

腹横肌*

股中间肌*

阔筋膜张肌

髂肌*

腹直肌

直腿提升

动态练习

❶ 仰卧，将双臂置于身体两侧，和身体平行。把你的双腿从地面稍微举起。（刚开始做这个练习时可以举得高些，但不要超过45度。）

级别

- 中级

时间

- 2分钟完成整个练习

益处

- 改进身体核心力量和支撑

限制

- 有下背部问题的人应该避免做这个练习

变化练习

- 改变这个练习的动作可以使双腿弯曲以减小腹部肌肉紧张程度

正确做法
保持上半身支撑

避免
使用冲力，在练习中避免过度使用下背部

❷ 举起你的双腿，直到他们几乎和地面垂直，然后放下双腿，与地面保持距离。分2组，每组重复完成这个动作20次。

目标区域

主要锻炼腹直肌

解析关键

黑色字体代表目标肌肉
灰色字体代表其他工作
的肌肉
*代表深层肌肉

髂腰肌*

缝匠肌

股外侧肌

腹横肌*

腹外斜肌

腹内斜肌*

腹直肌

股直肌

股中间肌*

坐式俄罗斯扭转

❶ 竖直坐下，弯曲你的双腿，使你的双脚平放在地上。将双臂向前方伸出，身体向后微微倾斜，使身体核心保持活动。

正确做法
平稳地、有控制地扭转，保持背部平直

避免
在你扭转的时候移动你的双膝或双脚

级别
- 中级

时间
- 2分钟完成这个练习

益处
- 增强身体稳定性和核心力量

限制
- 有下背部问题的人应该避免做这个练习

❷ 动作平稳地向一侧旋转你的上半身，然后回到中间位置。向另一侧重复这个扭转动作。

❸ 回到中间位置，然后重复整个旋转。分3组做这个练习，每组重复做20次。

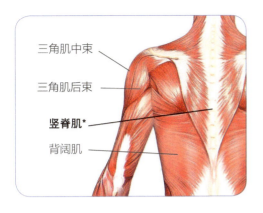

三角肌中束

三角肌后束

竖脊肌*

背阔肌

目标区域

主要锻炼竖脊肌、
腹斜肌、腹直肌和
腹横肌。

解析关键

黑色字体代表目标肌肉
灰色字体代表其他工作
的肌肉
*代表深层肌肉

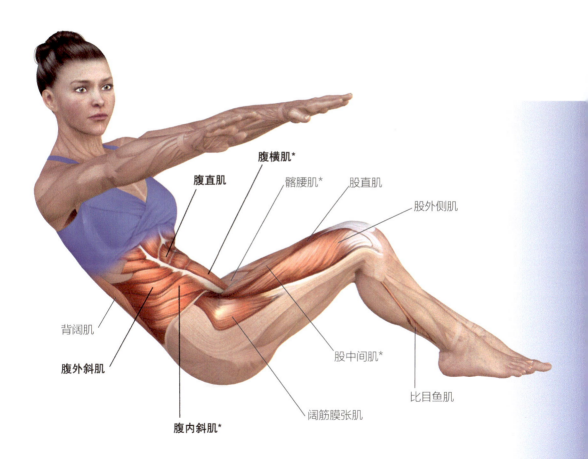

腹直肌

腹横肌*

髂腰肌*

股直肌

股外侧肌

背阔肌

腹外斜肌

股中间肌*

阔筋膜张肌

比目鱼肌

腹内斜肌*

单腿绕环

动态练习

❶ 仰卧，将双臂放在你的身体两侧，平行于你的身体，尽可能高地抬起你的右腿，使你的脚稍微向外撇。

正确做法
在这个练习中保持髋部不动

避免
绕圈速度过快

级别

• 初学者

时间

• 2分钟完成整个练习

益处

• 改善腹部和骨盆肌肉力量

限制

• 有下背部问题的人应该避免做这个练习

❷ 使你的右腿向你的身体上方交叉，使它的运动轨迹形成一个圆圈。顺时针方向做这个练习5次，然后再逆时针方向做5次。换另一条腿重复以上动作，重复这个练习。

目标区域

主要强调锻炼腹部肌肉、髋部、腘绳肌和你的大腿内侧及外侧肌肉。

解析关键

黑色字体代表目标肌肉
灰色字体代表其他工作的肌肉
*代表深层肌肉

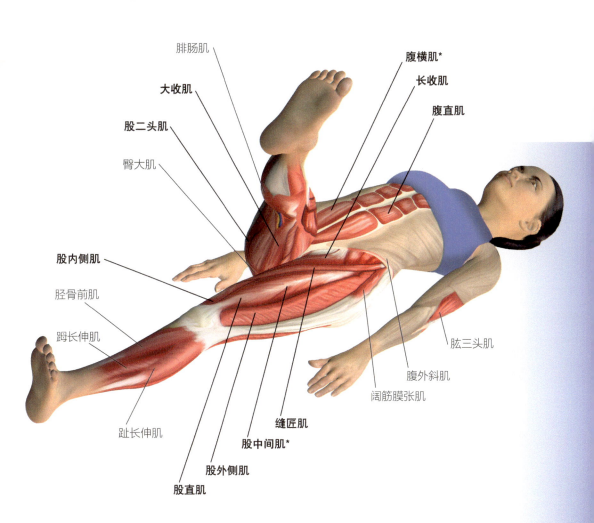

腓肠肌

大收肌

股二头肌

臀大肌

股内侧肌

胫骨前肌

跗长伸肌

趾长伸肌

股直肌

股外侧肌

股中间肌*

缝匠肌

腹横肌*

长收肌

腹直肌

肱三头肌

腹外斜肌

阔筋膜张肌

俯卧脚后跟敲击

❶ 俯卧，将你的双臂放在身体两侧，稍微抬离地面。使双腿稍微抬离地面。

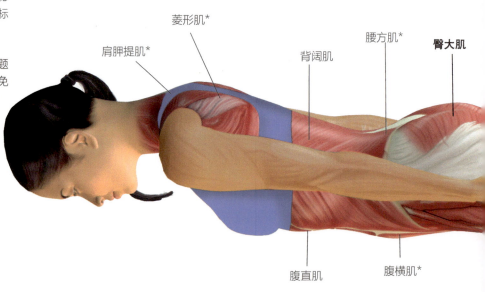

❷ 将你的双腿打开，双脚同时分开与肩同宽。将脚尖略向外旋转。

正确做法
在整个练习中保持你的双腿抬起

避免
过度使你的双肩参与练习

级别
- 中级

时间
- 2分钟完成整个练习

益处
- 以身体核心稳定性作为目标

限制
- 有下背部问题的人应该避免做这个练习

菱形肌*

肩胛提肌*

背阔肌

腰方肌*

臀大肌

腹直肌

腹横肌*

❸ 互相敲击脚后跟10次，然后休息。分3组练习，每组重复完成这个练习10次。

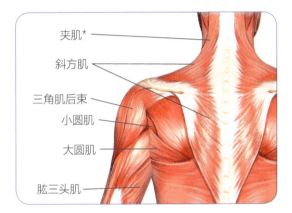

夹肌*
斜方肌
三角肌后束
小圆肌
大圆肌
肱三头肌

目标区域

主要强调锻炼臀大肌、背部和大腿内侧

解析关键

黑色字体代表目标肌肉
灰色字体代表其他工作的肌肉
*代表深层肌肉

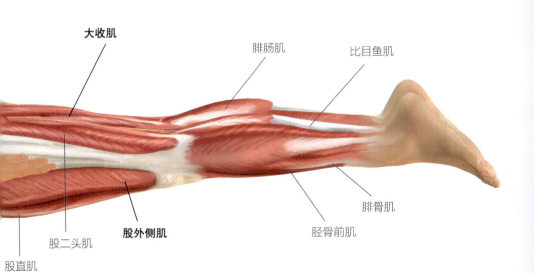

大收肌
腓肠肌
比目鱼肌
腓骨肌
胫骨前肌
股外侧肌
股二头肌
股直肌

蚌壳系列动作

❶ 斜躺，用你的右侧髋部接触地面，用前臂支撑身体。将左手置于左侧髋部。保持双腿稍微弯曲，将一条腿叠放在另一条腿上方。

正确做法
在整个练习中保持脊柱挺直

避免
在提升你的双膝时使髋部抬起

❷ 保持脊柱挺直将你的右腿放在地上，双脚靠拢，抬起左膝10次。

级别
• 高级

时间
• 6分钟完成整个练习

益处
• 增加骨盆稳定性，增加外展肌的力量

限制
• 有下背部和肩部问题的人应该避免做这个练习

❸ 然后，使你的膝盖和双脚靠拢，将双脚抬离地面。

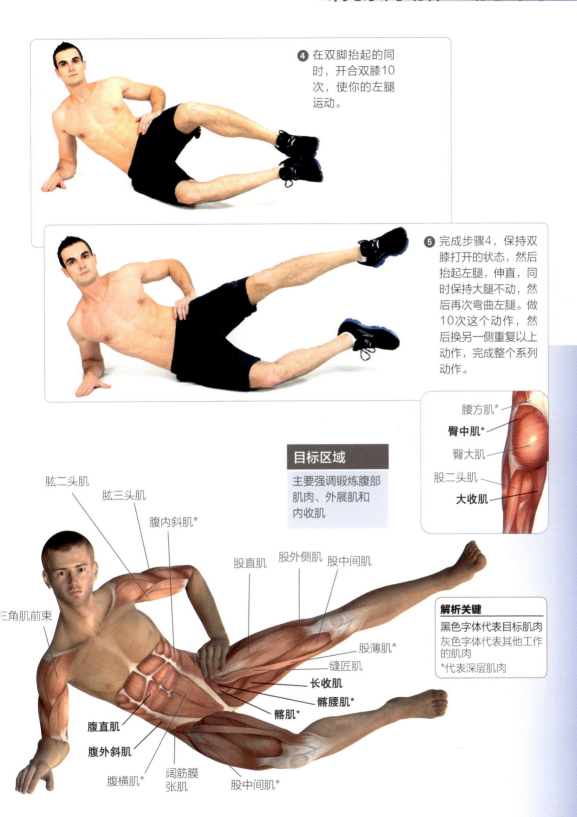

④ 在双脚抬起的同时，开合双膝10次，使你的左腿运动。

⑤ 完成步骤4，保持双膝打开的状态，然后抬起左腿，伸直，同时保持大腿不动，然后再次弯曲左腿。做10次这个动作，然后换另一侧重复以上动作，完成整个系列动作。

腰方肌*
臀中肌*
臀大肌
股二头肌
大收肌

目标区域

主要强调锻炼腹部肌肉、外展肌和内收肌

肱二头肌
肱三头肌
腹内斜肌*

股直肌　股外侧肌　股中间肌

三角肌前束

股薄肌*
缝匠肌
长收肌
髂腰肌*
髂肌*

腹直肌
腹外斜肌

腹横肌*　阔筋膜张肌　股中间肌*

解析关键
黑色字体代表目标肌肉
灰色字体代表其他工作的肌肉
*代表深层肌肉

127

剪刀腿

① 仰卧，将双手放在身体两侧，和你的身体平行，使你的双腿弯曲成90度角，从地面抬起。

保持骨盆稳定，脊柱竖直

避免
过度伸展你抬起的腿

级别
- 中级

时间
- 2分钟完成整个练习

益处
- 通过增加腹肌力量和耐久力，改善身体核心稳定性

限制
- 有腘绳肌紧绷的人应避免做这个练习

变化练习
- 改变这个练习的动作，可以先使用一条腿重复完成所有动作，然后换另一条腿重复以上动作

② 放下右腿，将左腿伸直，向躯干方向抬起，用双手握住你的小腿作为支撑，同时缩紧你的腹部肌肉。保持这个姿势5秒。

❸ 将你的双腿放回到开始
姿势，重复步骤2，再
放下左腿，抬起你的右
腿。每条腿重复完成这
个动作10次。

目标区域

主要强调锻炼股直
肌、股二头肌和
腹直肌

解析关键

黑色字体代表目标肌肉
灰色字体代表其他工作
的肌肉
*代表深层肌肉

股二头肌

肱桡肌

腹横肌*

股直肌

股外侧肌

阔筋膜张肌

腹外斜肌

腹直肌

肱三头肌

三角肌

实心球腹部肌肉卷曲

动态练习

❶ 仰卧在一个瑞士球上，使瑞士球支撑你的背部。使用双手抱住一个实心球，双手伸直，距离身体一臂的长度，将球置于胸部正上方。

正确做法
在整个练习中保持你的髋部摆正，双脚平放在地面上

避免
过度伸长你的躯干

❷ 将颈部和双肩抬离瑞士球，同时缩紧你的腹部肌肉，然后降低你的身体躺回瑞士球上。分3组，每组重复完成这个动作15次。

级别
- 中级

时间
- 3分钟完成整个练习

益处
- 提高身体核心肌肉力量

限制
- 有下背部问题的人应该避免做这个练习

变化练习
- 简化这个练习可以双手不拿实心球

目标区域

主要强调锻炼腹直肌

解析关键

黑色字体代表目标肌肉
灰色字体代表其他工作的肌肉
*代表深层肌肉

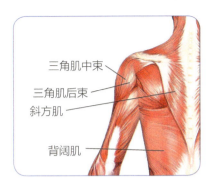

三角肌中束

三角肌后束

斜方肌

背阔肌

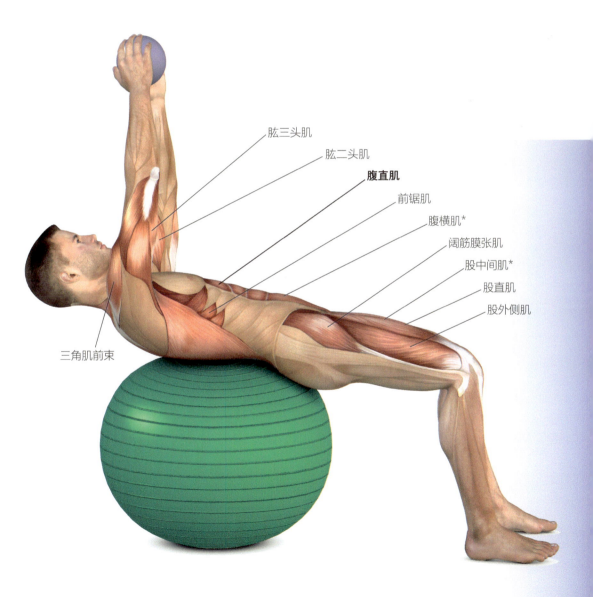

肱三头肌

肱二头肌

腹直肌

前锯肌

腹横肌*

阔筋膜张肌

股中间肌*

股直肌

股外侧肌

三角肌前束

仰卧起坐和扔球

❶ 仰卧，使你的双腿稍微弯曲，双脚平放在地面上。双手抱住一个实心健身球，将你的双臂向头后伸出。

正确做法
使用你的腹肌将身体带起，就像有一根绳从你的肚脐位置将你提起

避免
过度使用你的颈部

❷ 脚后跟向下推作为支撑，在收缩你的腹肌，使你的躯干抬离地面的同时，将你的双臂向前带。将球扔给你的同伴，再将球接回，然后重新躺下。分2组，每组重复完成这个练习15次。

级别

• 初学者

时间

• 2分钟完成整个练习

益处

• 加强腹部肌肉力量和腹部肌肉线条更加清晰

限制

• 有下背部问题的人应该避免做这个练习

提示

• 这个练习需要一名同伴的帮助

目标区域

主要强调锻炼腹
直肌

解析关键

黑色字体代表目标肌肉
灰色字体代表其他工作
的肌肉
*代表深层肌肉

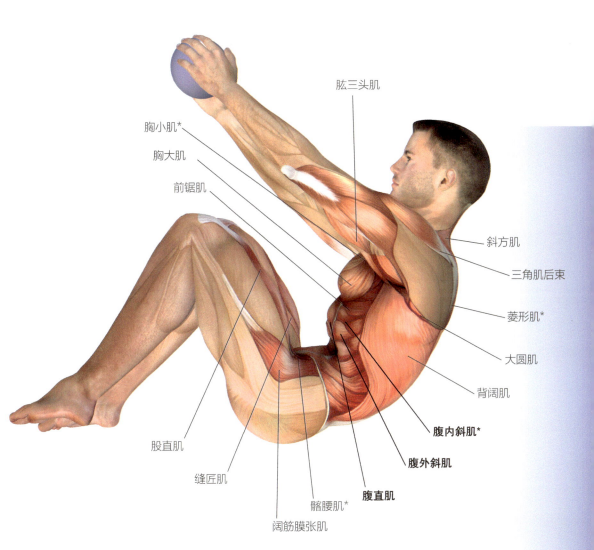

肱三头肌

胸小肌*

胸大肌

前锯肌

斜方肌

三角肌后束

菱形肌*

大圆肌

背阔肌

腹内斜肌*

腹外斜肌

股直肌

缝匠肌

腹直肌

髂腰肌*

阔筋膜张肌

自行车腹部提拉

动
态
练
习

正确做法
保持下巴抵住胸口，并且臀部紧贴地板

避免
拉着手或拱起背部

级别

• 高级

时间

• 2分钟完成整个练习

益处

• 稳定身体核心加强腹部肌肉力量

限制

• 有下背部肌或颈部问题的人应该避免做这个练习

❶ 仰卧在地面上，使双膝弯曲，将你的双手放在头后，使双腿从地面抬起。

❷ 摆动你的躯干，在身前用左侧肘部够你的右腿膝盖。想象将你的肩胛骨拉离地面，从肋间及腹斜肌处扭转。

❸ 换另一侧重复以上动作。重复完成整个动作左右两边各6次。

变化练习

简化这个变化练习，开始将双脚放在地面上。将左脚脚踝置于你的右侧大腿上，靠近膝盖。用右侧肘部靠近你的左膝。重复完成这个练习每边6次。

目标区域

主要强调练习腹部肌肉和腹斜肌

解析关键

黑色字体代表目标肌肉
灰色字体代表其他工作的肌肉
*代表深层肌肉

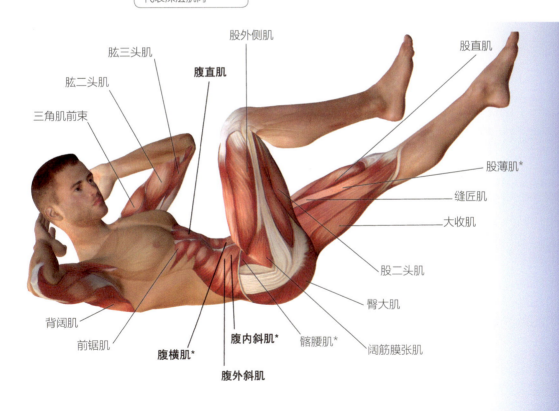

股外侧肌
股直肌
肱三头肌
腹直肌
肱二头肌
三角肌前束
股薄肌*
缝匠肌
大收肌
股二头肌
臀大肌
背阔肌
前锯肌
腹横肌*
腹内斜肌*
髂腰肌*
阔筋膜张肌
腹外斜肌

下台阶

❶ 站在一个砖块上，使左脚接近砖块左侧边缘，右脚在砖块旁边悬空。保持双臂向你的身体前方伸直。

正确做法
使固定的那只脚的脚后跟用力向下推

避免
使膝盖超过出你的脚趾

❷ 弯曲左腿膝盖，向地面方向降低身体，同时使右腿悬空下降至砖块上沿之下。

❸ 使你的左侧脚后跟用力向下推，回到开始姿势。分2组，每组重复完成每条腿15次练习。

级别
• 高级

时间
• 2分钟完成整个练习

益处
• 加强骨盆和膝盖的稳定

限制
• 有膝盖问题的人应该避免这个练习

变化练习
• 简化这个练习可以用你的双手手掌撑住一面墙作为支撑

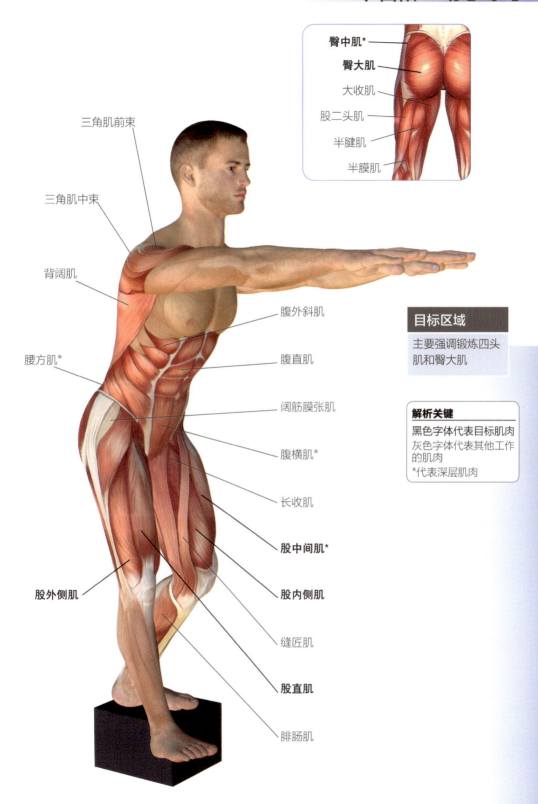

臀中肌*

臀大肌

大收肌

股二头肌

半腱肌

半膜肌

三角肌前束

三角肌中束

背阔肌

腰方肌*

腹外斜肌

腹直肌

阔筋膜张肌

腹横肌*

长收肌

股中间肌*

股内侧肌

股外侧肌

缝匠肌

股直肌

腓肠肌

目标区域

主要强调锻炼四头肌和臀大肌

解析关键

黑色字体代表目标肌肉
灰色字体代表其他工作的肌肉
*代表深层肌肉

脊柱扭转

❶ 坐在地面上，使双腿伸出，双脚分开比髋部稍宽。保持背部竖直，将你的双臂向身体两侧抬起，完全伸展，和你的躯干成90度角。

正确做法
在整个练习中保持髋部摆正

避免
将髋部从地板上抬起

级别
- 中级

时间
- 1分钟完成整个练习

益处
- 改善背部灵活性，增加身体躯干力量和延长性

限制
- 有下背部问题的人应该避免做这个练习

❷ 保持腹部收回，向左侧扭转腰部，带动整个上半身一起扭转，然后回到中间位置。

❸ 重复这个动作，这次向右侧转动。
向每个方向各完成3次扭转。

目标区域

主要强调锻炼整个身体核心、背阔肌、三角肌、臀部肌肉和腘绳肌。

解析关键
黑色字体代表目标肌肉
灰色字体代表其他工作的肌肉
*代表深层肌肉

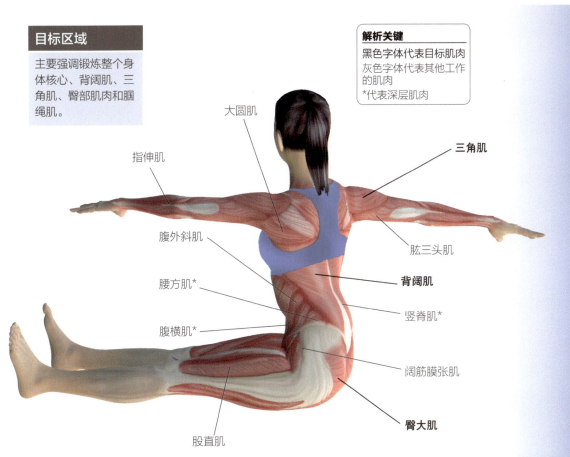

大圆肌

指伸肌

三角肌

腹外斜肌

肱三头肌

腰方肌*

背阔肌

腹横肌*

竖脊肌*

阔筋膜张肌

臀大肌

股直肌

哑铃俯身硬拉

动态练习

① 双手提一副哑铃，松弛地抵住你的外侧大腿，双脚与肩同宽站立，使双膝微屈，臀部略向外推出。

正确做法
总是保持背部平直

避免
使你的下背部肌肉过于紧张

级别
● 中级

时间
● 3分钟完成整个练习

益处
● 改善下半身灵活性和稳定性

限制
● 有下背部问题的人应该避免做这个练习

② 总是保持背部平直，将哑铃从旁边拉至你的身体前方，然后使它们向地板方向降下，感到主要是背部和腿部得到拉伸。

③ 回到开始姿势，分3组，每组重复完成这回动作15次。

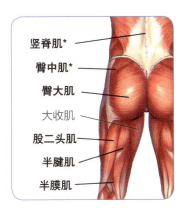

竖脊肌*
臀中肌*
臀大肌
大收肌
股二头肌
半腱肌
半膜肌

目标区域

主要强调锻炼臀部肌肉、腘绳肌和竖脊肌。

解析关键

黑色字体代表目标肌肉
灰色字体代表其他工作的肌肉
*代表深层肌肉

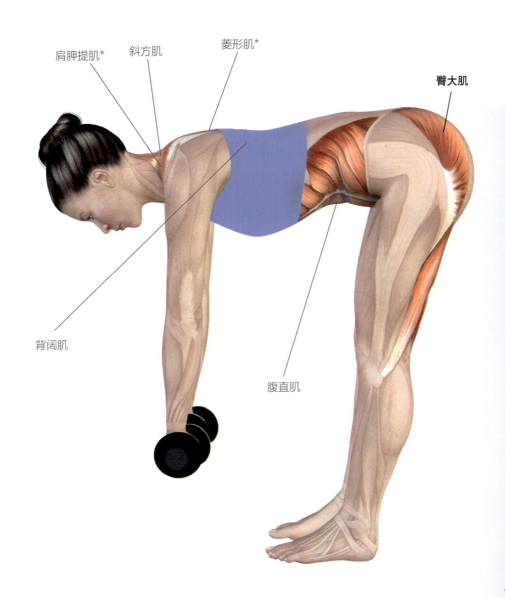

肩胛提肌*　斜方肌　菱形肌*

臀大肌

背阔肌

腹直肌

游泳

❶ 俯卧，腹部接触地面，使双臂向前伸出，双腿向后伸出。将你的左臂和右腿同时从地面抬起，你的头部和肩部也从地面抬起，然后将他们都放回地面。

正确做法
尽可能高地抬起你的手臂和腿

避免
使颈部过度紧张

级别
• 中级

时间
• 1分钟完成整个练习

益处
• 改善你的下背部力量和支撑

限制
• 有下背部问题的人应该避免做这个练习

❷ 重复这个练习，使用你另外的手臂和腿。每边重复完成这个动作10次。

变化练习

增加这个练习的难度，同时抬起你的双臂和双腿

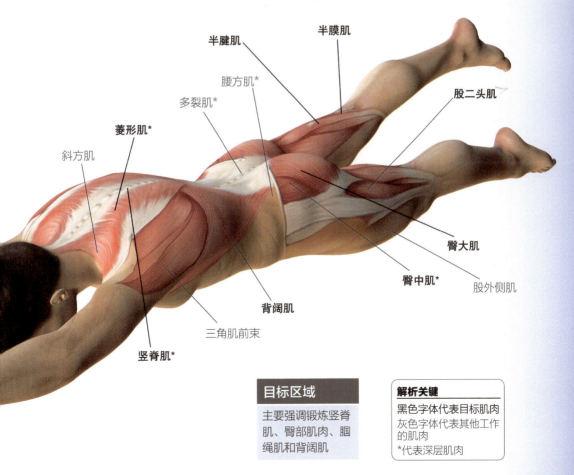

半腱肌

半膜肌

腰方肌*

多裂肌*

股二头肌

菱形肌*

斜方肌

臀大肌

臀中肌*

股外侧肌

背阔肌

三角肌前束

竖脊肌*

目标区域

主要强调锻炼竖脊肌、臀部肌肉、腘绳肌和背阔肌

解析关键

黑色字体代表目标肌肉
灰色字体代表其他工作的肌肉
*代表深层肌肉

训练计划

　　下面以主题为基础的训练套餐能够帮助你，使你的身体核心稳定性练习达到最好的效果。记住，要全身心地投入到练习中，而不是草草完成每个动作。给自己充足的时间使每个动作练习到位，同时减少辅助肌肉的作用。尽最大的努力来挑战自我，而不是试图尽快完成一系列动作符号。最重要的是，愉快锻炼。

初学者套餐

训练计划 这组练习适合所有级别的运动者，它的主要目标人群是进行身体核心训练的初学者。

❶ 平板支撑，第40页；

❷ 侧向平板支撑，第42页；

❸ 四足爬行，第50页；

❹ 桥型支撑，第56页；

❺ 剪刀腿，第128页；

⑥ 身体拉锯，第104页；

⑦ 髋部绕环，第110页；

⑧ 直腿提升，第118页；

⑨ 实心球练习，第106页；

⑩ 侧卧髋部外展，第76页。

侧向核心套餐

训练计划 这套练习强调稳定性、力量以及腹部肌肉的线条清晰程度。

❶ 侧向平板支撑，第42页；

❷ 腹横肌，第52页；

❸ 扭转背部拉伸，第74页；

❹ 侧向滚动，第70页；

❺ 自行车腹部提拉，第134页；

⑥ 脊柱扭转，第138页；

⑦ 俯卧撑手部运动，第94页；

⑧ 瑞士球腰部横向扭转，第88页；

⑨ 瑞士球走步，第90页；

⑩ 实心球练习，第106页。

腹直肌练习套餐

这个系列练习注重稳定性、力量和腹直肌的美观。

❶ 身体拉锯，第104页；

❷ 俯卧撑底部支撑，第60页；

❸ 前平板支撑，第44页；

❹ 瑞士球外推，第84页；

❺ 瑞士球折叠，第86页；

❻ 坐姿骨盆倾斜，第31页；

❼ 仰卧起坐和扔球，第132页；

❽ 腹横肌，第52页；

❾ 瑞士球练习实心球上提，第100页；

❿ 平板支撑膝盖拉伸，第114页。

提升运动表现套餐

训
练
计
划 这个系列动作都是使身体核心为功能性运动表现做好准备的练习。

❶ 坐式俄罗斯扭转，第120页；

❷ 瑞士球折叠，第86页；

❸ 仰卧起坐和扔球，第132页；

❹ 瑞士球平板支撑和腿部提升，第102页；

❺ 下台阶，第136页；

❻ 爬行成平板支撑，第46页；

❼ 侧向滚动，第70页；

❽ 反向腘绳肌提拉，第66页；

❾ 瑞士球腹背拉伸，第72页；

❿ 毛巾飞鸟，第98页。

下肢练习套餐

训练计划这个系列练习使身体下部得到运动，强调腿部锻炼和腿部在身体核心中的角色的发展及表现。

❶ 剪刀腿，第128页；

❷ 单腿平衡，第62页；

❸ 高弓步，第64页；

❹ 四足爬行，第50页；

❺ 静态相扑深蹲，第68页；

❻ 反向腘绳肌提拉，第66页；

❼ 哑铃俯身硬拉，第140页；

❽ 单腿绕环，第122页；

❾ 贝壳系列动作，第126页；

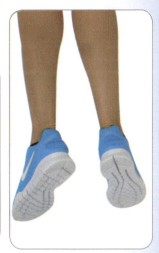

❿ 俯卧脚后跟敲击，第124页。

终极稳定性练习套餐

训练计划 这个系列的练习适合那些想要将身体核心稳定性和力量发挥到最大程度，并且乐于挑战自我的坚定练习者。

❶ 瑞士球平板支撑和腿部提升，第102页；

❷ 下台阶，第136页；

❸ 高弓步，第64页；

❹ 瑞士球折叠，第86页；

❺ 俯卧撑手部运动 第94页；

❻ 椅子骤降，第96页；

❼ 瑞士球走步，第90页；

❽ 毛巾飞鸟，第98页；

❾ 跪姿大腿后摆，第38页；

❿ 腹横肌，第52页。

术
语
表

abduction（外展）：离开身体的动作。

adduction（内传）：朝向身体的动作。

anterior（前方）：位于前部。

cardiovascularexercise（心血管功能练习）：增加心跳频率、使富含氧气和营养的血液到达运动肌肉的练习。

core（核心肌肉群）：是指分布在脊柱附近为整个身体提供结构支撑的深层肌肉层。核心肌肉群又分为主要核心肌肉群和次要核心肌肉群，主要核心肌肉群在躯干部位，包括腹部和中、下背部肌肉。这个区域包括盆底肌肉群（提肛肌、耻尾肌、髂尾肌、耻骨直肠肌和尾骨肌）、腹部肌肉群（腹直肌、腹横肌、腹外斜肌和腹内斜肌）、脊柱伸肌群（多裂肌、竖脊肌、夹肌、背最长肌和半棘肌）和横隔膜。次要核心肌肉群包括背阔肌、臀大肌和斜方肌（上、中和下）。这些小核心肌肉在身体进行需要加入稳定性的活动或运动时帮助大核心肌肉工作。

crunch（仰卧起坐）：是指一种常见的腹部锻炼方式，需要双肩弯向骨盆方向，同时采用仰卧姿势，双手置于头后，双膝弯曲。

curl（弯举）：一种练习方法，通常的锻炼目标是肱二头肌。这种练习需要使负重弧线移动，形成一个"弯曲"的动作。

deadlift（硬拉）：一种练习动作，需要从地面举起一个负重（如杠铃），这个动作开始于一种稳定的体前屈姿势。

dumbbell（哑铃）：一种基础健身器械。哑铃由一根短哑铃杆和固定在杆上的负重片组成。锻炼者可以在练习中用单手或双手使用哑铃。大多数健身房提供哑铃片焊接在杆上的哑铃，在哑铃片上标出负重的千克数，但是大多数哑铃倾向于家庭使用，采用可以移动的负重片，使你可以调整哑铃的重量。

dynamic exercise（动态运动）：一种包括关节和肌肉运动的锻炼方法。

extension（伸展）：一种伸出运动。

extensor muscle（伸肌）：一种用于使身体的一部分向离开身体的方向伸出的肌肉。

flexion（屈曲）：弯曲一个关节。

flexor muscle（屈肌）：一种减小两根骨头之间角度的肌肉，比如在肘部弯曲手臂或者向腹部抬起大腿。

fly（飞鸟）：一种练习动作，要求双手合双臂做曲线运动，同时肘部保持一定角度。飞鸟运动作用于上半身的肌肉。

illotibial band（髂胫束）：一个厚实的纤维组织束，从上至下生长于腿部外侧，起点是髋部，伸展至胫骨外侧，膝关节下方。髂胫束连接起数条大腿肌肉，为膝关节外侧提供稳定作用。

lateral（外侧）：位于或伸展向外侧。

medial（内侧）：位于或伸向中间。

medicine ball（实心健身球）：一种较轻的健身球，用于重量训练和强化练习。

neutral position (spine)［中性位置（脊柱）］：一种脊柱S形姿势，包括从侧面看时的骶椎后凸（向后弯曲）。

posterior（后方）：位置在后面的。

press（推送）：一种健身动作，使一个负重或其他阻力远离身体。

range of motion（动作幅度）：一个关节在伸位和屈位之间可以移动的方向和距离。

resistance band（阻力拉力器）：一种橡胶管或扁平带状健身器械，用于力量训练提供阻力，又叫做"健身带""拉伸带"或"拉管"。

rotator muscle（旋转肌肉）：一组帮助关节旋转的肌肉，比如髋部和肩部关节。

scapula（肩胛骨）：位于中背部到上背部之间的突出的骨头，也被叫做"肩胛"。

squat（深蹲）：一种健身练习，要求臀部后挺，膝盖髋部弯曲，躯干降低（如果需要，可以配合使用负重），然后回到竖直站立姿势。深蹲的首要锻炼目标是大腿、髋部和臀部肌肉，同时也会锻炼到腘绳肌。

static exercise（静态练习）：一种等距形式的练习，不需要关节运动参与，需要保持一种姿势一段特定的时间。

Swiss ball（瑞士球）：一种有弹性的可充气的PVC塑料球，周长大约在35至86厘米，用于力量练习，物理治疗，平衡训练和其他训练方法。它也叫做"平衡球""健身球""稳定球""练习球""健身房球""理疗球""身体球"和其他很多名字。

warm-up（热身）：各种形式的低强度、短时长练习，能够使身体为更加大强度的运动做好准备。

weight（负重）：是指负重片或负重堆，或者是在杠铃或哑铃上实际标出的重量值。

工作人员及致谢

摄影

本书摄影出自美术图片社

模特：T·J·芬克和吉娜·弗兰西欧萨

制图

全部大型图片来自海克特·爱扎/3D 动画工作室印度，除了书中
10，17，18，19，20，21，22，23，24，25，28，29，30，
31，33，35，37，39，41，43，45，47，49，53，55，57，
59，61，63，65，67，69，71，73，75，76，79，81，85，
87，91，93，95，97，99，103，104，109，111，113，115，
117，121，125，127，131，137，和141页的插图和的全身解剖
图，作者是琳达·巴克林/Shutterstock。

致谢

感谢那些在本书的编著过程中积极参与的人：Mosely Road主席
肖恩·摩尔，总经理凯伦·普林斯，艺术主管缇娜·沃冈；编辑主管戴
门·摩尔；设计和产品经理亚当·摩尔；编辑大卫和和西尔维娅·托姆
贝西·沃顿。

题献

我将本书献给我生命中的挚爱—我的未婚妻斯塔西·琳·文纳。她
是我家庭的支柱，是我对知识的追求和个人成长的力量和灵感的化身。

——霍利斯·兰斯·利伯曼